AF620609

INVENTAIRE
V22693
416

RÉUNION DES OFFICIERS

ÉTUDE

SUR

L'EMPLOI DES CHEMINS DE FER

AVANT ET PENDANT LA GUERRE

ENTRETIEN FAIT A LA RÉUNION DES OFFICIERS

Le 23 décembre 1873

PAR E. MARCILLE

CAPITAINE AU 3e RÉGIMENT DU GÉNIE

PARIS

CH. TANERA, ÉDITEUR

LIBRAIRIE POUR L'ART MILITAIRE ET LES SCIENCES

Rue de Savoie, 6

1874

V
2561
D.26

416

ETUDE

SUR

L'EMPLOI DES CHEMINS DE FER

AVANT ET PENDANT LA GUERRE

EN VENTE A LA MÊME LIBRAIRIE

ENTRETIENS MILITAIRES

Création de manutentions roulantes pour les quartiers généraux et les divisions en campagne, par M. Anatole Baratier, sous-intendant militaire. Br. in-12. . . . . 1 fr.

Du service des états-majors, par M. Derrécagaix, capitaine d'état-major. Br. in-12 . . . . 75 c.

Des compagnies de partisans, formation d'une compagnie de partisans dans chaque régiment de ligne, par E. Girard, capitaine au 91e régiment de ligne. Br. in-12. . . . . 75 c.

Des soutiens d'artillerie, par M. Herbinger, capitaine adjudant-major au 101e de ligne. Br. in-12 . . . . 75 c.

Du matériel et de la tactique de l'artillerie de campagne, à propos des manœuvres d'automne de l'armée anglaise en 1872, par M. de Grandy, chef d'escadron d'artillerie. Br. in-12. . . . . . 50 c.

Les nouvelles bouches a feu de la marine française, par M. Sebert, capitaine d'artillerie de marine. Br. in-12 avec planches. 1 fr 50

De la tactique de combat et de l'emploi des tirailleurs, par M. Sacreste, lieutenant au 90e de ligne. Br. in-12 . . . . 75 c.

Des spécialités dans l'infanterie, par M. Issalène, capitaine au 67e de ligne. Br. in-12. 1 fr.

Étude sur la convention de Genève, considérée dans ses principes et son application, par le docteur Jules Arnould, médecin-major de 1re classe. Br. in-12. . . . . 1 fr. 50

La Cochinchine française, par M. Bovet, lieutenant-colonel du génie. Br. in-12, avec carte. . . . . 1 fr. 25

De l'alcool considéré comme source de force, et du parti que l'on peut en tirer dans la pratique de la guerre, par le docteur Jules Arnould, médecin-major de 1re classe. Br. in-12. . . . . 75 c.

Sur le rôle des places françaises de l'est pendant la dernière invasion, par M. Ed. Thiers, capitaine du génie. Br. in-12, avec carte. . . . . 1 fr. 50

RÉUNION DES OFFICIERS

ÉTUDE

SUR

L'EMPLOI DES CHEMINS DE FER

AVANT ET PENDANT LA GUERRE

ENTRETIEN FAIT A LA RÉUNION DES OFFICIERS

Le 23 décembre 1873

PAR E. MARCILLE

CAPITAINE AU 3e RÉGIMENT DU GÉNIE

R.F. IMPRIMÉS

PARIS

CH. TANERA, ÉDITEUR

LIBRAIRIE POUR L'ART MILITAIRE ET LES SCIENCES

Rue de Savoie, 6

1874

AVANT-PROPOS

Les détails assez nombreux que renferme cette étude, et l'enchaînement des principes qui est tel que chacun d'eux ne peut être traité isolément, m'engagent à indiquer dès maintenant l'ordre dans lequel les faits vont être exposés et le but auquel je désire arriver.

Dans la première partie, je poursuis la recherche du débit maximum d'une ligne à double voie. Le problème à résoudre a pour données des éléments techniques et des éléments militaires. Pour les premiers, je me suis renseigné auprès de gens compétents, et je crois être resté largement dans le domaine de la pratique.

Pour les seconds, je me suis inspiré avant tout de la rapidité des grandes concentrations, en proposant des moyens que l'armée acceptera, je l'espère, pour arriver à un but si important.

Ce que je désire faire ressortir de ce travail, c'est

qu'en proposant une méthode dans laquelle les trains se succèdent à dix minutes d'intervalle, je ne crois être qu'en apparence en contradiction avec les gens spéciaux. S'ils ont, jusqu'ici, admis en principe que les trains devaient se succéder à une heure d'intervalle, c'est que les conditions militaires du problème avaient été posées de façon à forcer la solution dans ce sens. Aussi vais-je reprendre la question d'une autre manière. Après avoir établi que les trains peuvent se succéder à dix minutes d'intervalle, et démontré que toutes les exigences de l'exploitation seront convenablement satisfaites, je ferai voir quelles sont les conditions que cette méthode impose aux troupes pour leur transport, et combien ces conditions sont acceptables pour l'armée.

Dans la seconde partie qui traite de l'emploi des chemins de fer dès que la concentration est finie, après avoir recherché le meilleur usage que l'on peut faire des voies ferrées, et l'influence qu'elles peuvent avoir dans les guerres à venir, j'en déduirai la nécessité de confier l'exploitation à un personnel civil, et les travaux à un personnel militaire. J'insisterai surtout sur les avantages que procurerait à l'armée la création d'un matériel destiné à la réparation des ponts en campagne, matériel qui peut seul donner à nos travaux la rapidité nécessaire.

ÉTUDE

SUR

L'EMPLOI DES CHEMINS DE FER

AVANT ET PENDANT LA GUERRE

PREMIÈRE PARTIE

RECHERCHE DU DÉBIT MAXIMUM D'UNE VOIE FERRÉE. — CONCENTRATIONS. — DIVERS TRANSPORTS DE TROUPE.

§ 1er. — PRINCIPES GÉNÉRALEMENT ADMIS EN FRANCE.

Il semble admis jusqu'ici :

Que l'embarquement peut se faire, soit à des quais permanents ou provisoires, soit à l'aide d'un matériel mobile en charpente;

Que chaque wagon doit contenir, pour un compartiment de dix places, neuf hommes d'infanterie équipés, ou huit hommes des autres armes;

Que les trains contiendront environ une quarantaine de wagons (sur le grand réseau), et qu'ils correspondront avec une unité tactique élémentaire;

Que la vitesse sera de 30 kilom. au plus à l'heure;

Que l'intervalle entre chaque train sera d'une heure au moins. ce qui donne un débit maximum de vingt-quatre trains par jour dans chaque sens, sur les lignes à deux voies;

Que des arrêts fréquents de quinze minutes seront ménagés pour permettre aux hommes de descendre, et que chaque jour on fera deux arrêts de une heure chacun, pour que ces hommes puissent prendre leurs repas à des buffets spéciaux à créer;

Que la ration à donner aux chevaux pendant la route est, pour vingt-quatre heures, de 5 kil. de foin et 2 kil. d'avoine;

Que dans le cas d'une grande concentration, on aura le droit de supprimer tous les trains étrangers à ce mouvement, même ceux de la poste, et que tout le personnel et le matériel des compagnies peuvent être requis pour ce service;

Que le débit d'une ligne, qui est presque indépendant de la vitesse de marche, est surtout influencé par la fréquence des départs;

Que la rapidité d'un mouvement de concentration, qui est fonction de ce débit, dépend en outre de la distance à parcourir et de l'effectif à transporter, éléments que de sages mesures peuvent réduire;

Enfin, on a perfectionné les méthodes d'embarquement pour les hommes, les chevaux et les voitures; on a augmenté les moyens destinés à maintenir la discipline dans le train; on a indiqué nettement le rôle et la responsabilité de l'officier qui commande le train, et de l'agent qui le conduit; et l'on a prescrit des exercices fréquents dans tous les corps pour habituer les troupes à monter en chemin de fer.

Voilà ce qui existe. Un pas énorme a été fait dans la question; et le désordre qui s'est produit pendant la dernière guerre, et qui provenait d'un manque d'entente entre les parties, va faire place à un service parfaitement coordonné, et convenu d'un commun accord.

Mais n'y a-t-il pas mieux à faire au point de vue de la rapidité? Le débit maximum d'une voie ferrée a-t-il été atteint? Nous allons examiner la question à ce point de vue et chercher à démontrer qu'en modifiant quelques-uns des principes ci-dessus, on arriverait à accélérer considérablement les transports en chemin de fer.

§ 2. — LES TRAINS PEUVENT SE SUCCÉDER A DIX MINUTES D'INTERVALLE.

M. Jacqmin dit : « La capacité de traction d'une voie ferrée « est pour ainsi dire indéfinie ; ce qui ne l'est pas, c'est la capa- « cité de chargement et de déchargement. » On peut donc augmenter le nombre des départs, à la condition de trouver une méthode d'embarquement suffisamment rapide, différente bien entendu du procédé industriel, le seul que l'on soit habitué à considérer jusqu'ici. Pour arriver à ce qu'on peut appeler le débit maximum d'une ligne à double voie, je propose de réduire à dix minutes l'espace que l'on peut laisser entre les trains, pour un trajet de longueur indéfinie, et dans un mouvement permanent d'aller et retour. — Pourquoi ce nombre de dix minutes, qu'une raison absolue ne vient pas déterminer? Je le choisis ainsi, parce que c'est celui que propose, pour les transports de concentration, M. le commandant Lepipre, dont nous connaissons la longue expérience. Je le choisis également, parce que M. Costa de Serda nous apprend que c'est la limite adoptée en Autriche pour ces opérations militaires. Je me suis personnellement renseigné à ce sujet, et j'ai vérifié que les conditions pratiques d'une pareille exploitation prolongée pendant plusieurs jours ne présenteraient aucun obstacle sérieux. — En effet, la vitesse uniforme et assez réduite que nous adoptons pour nos transports, la régularité de la marche et des arrêts, et la suppression du trafic sur les voies affluentes, simplifient considérablement la solution du problème pour les agents du chemin de fer. Les difficultés de l'exploitation normale sont bien autrement considérables, et il suffit, pour s'en convaincre, de jeter les yeux sur le graphique d'une grande ligne, et de remarquer à quel travail pénible on a dû se livrer pour faire circuler, sans danger, cet immense tourbillon de trains dont les vitesses varient de 20 kilom. à 70 kilom., dont les uns suivent la grande ligne, pendant que les autres la quittent ou y rentrent, en créant des chances d'accident. Là, il faut prendre ou laisser des voyageurs le long de la route; on est exposé un jour à ne recevoir que la charge de quelques voitures, et le lendemain à remorquer un poids énorme ou à créer des trains supplémentaires. Le service des voyageurs ou des bagages crée des retards pour le départ; et malgré tout cela, un jour donné, on a la faculté de faire traverser tout le réseau français par des trains de pèlerins, et d'organiser le transport de foules énormes aux courses de Chantilly, ou aux grandes eaux de Versailles. Ce graphique nous montre cependant des trains réguliers se succédant à dix minutes, à cinq minutes même d'intervalle.

Il est certain qu'une nouvelle organisation, qui a le tort de modifier trop profondément le régime habituel des chemins de fer, et de supprimer complétement les transactions et les besoins de l'industrie, froissera des intérêts sérieux.

Les ingénieurs des grandes compagnies, qui sont les représentants de ces intérêts, peuvent se croire obligés de les sauvegarder, pour ne pas trahir leur mandat. Aussi proposent-ils simplement de conserver leur méthode ordinaire d'exploitation, laquelle est assez élastique, disent-ils, pour se prêter à une accélération dans les transports (comme le prouvent en partie les trains supplémentaires). Partant de là, ils nous offrent de faire passer vingt-quatre trains par jour, dans chaque sens, sur une ligne à double voie.

Je demanderai si c'est là toute l'accélération que comporte l'exploitation d'une pareille ligne. Je demanderai également si l'on n'a pas l'arrière-pensée d'utiliser les intervalles d'une heure qui existent entre chaque train, pour faire circuler des voyageurs ou des marchandises.

§ 3. — OBLIGATION POUR L'ARMÉE D'ÉTUDIER L'EXPLOITATION.

La question qui est mise en jeu est cependant de la plus haute importance, et réclame le concours de toutes les forces du pays. Tous les militaires reconnaissent que la rapidité de la concentration peut exercer une influence décisive sur le reste de la campagne. Si donc on se croit obligé de prendre les armes à un moment donné, il faut en même temps consentir aux sacrifices, et subir la gène momentanée que la préparation des premiers succès peut imposer.

Les militaires qui font la guerre sont les seuls qui ne la votent pas; c'est bien le moins que ceux qui la décident leur donnent les moyens de vaincre. Quoi qu'il en soit, pour en revenir à notre sujet, il importe qu'un certain nombre d'officiers spéciaux se familiarisent avec la question des chemins de fer. Quand ils auront vu par eux-mêmes ce qui se passe dans cette vaste administration, quand ils commenceront à parler un peu cette langue qu'on leur reproche de bégayer à peine, on prévoit combien ils contesteront sérieusement plusieurs de ces principes qu'on leur a fait accepter jusqu'ici comme axiomes, parce qu'ils ne pouvaient pas en contrôler la nécessité et l'exactitude.

Pour ma part, je persiste à déclarer que l'on peut faire passer non plus un train, mais six trains par heure, et je vais faire voir quelles sont les conditions qui se trouvent imposées à l'exploitation pour obtenir ce résultat.

§ 4. — POSSIBILITÉ DE L'EXPLOITATION A DÉBIT MAXIMUM.

Quand un pareil service sera organisé, les agents de l'exploitation répartis sur les nombreuses mailles du réseau vont pouvoir se réunir sur la ligne de concentration ; le service des voyageurs et des marchandises étant supprimé, beaucoup de bras deviendront inutiles dans les gares intermédiaires où l'on passe, où les troupes ne s'arrêtent que momentanément, et où l'ordre et la discipline ne regardent que le commandant militaire du train et le commandant d'étapes.

Nous verrons même que l'embarquement sera fait entièrement par les soins de l'armée, à part l'attelage des wagons. Le personnel actuel sera donc plus que suffisant pour le service de l'exploitation, et l'on pourra le répandre à profusion le long de la voie pour faire les signaux et garder les barrières et les aiguilles.

Les approvisionnements de charbon sont toujours considérables dans les dépôts, et il n'est pas besoin d'indiquer les moyens de les compléter s'il était nécessaire. Je ne m'arrêterai pas non plus à examiner la question de l'alimentation en eau. Il suffit de dire qu'en temps de guerre, quand l'industrie fait défaut, les bras de l'homme y suppléent.

Les gens les plus experts affirment que dans un pareil mouvement les accidents ne sont pas plus à craindre que dans l'exploitation normale, bien au contraire. Il serait donc inutile d'exiger plus de sécurité pour des troupes qui vont au combat que pour des citoyens qui vont à leurs affaires ou à leurs plaisirs. On peut remarquer, du reste, que si une machine déraille, ce n'est pas en une heure qu'on la remettra sur la voie. Quelle que soit la méthode d'exploitation, un arrêt se produirait donc dans la circulation; seulement, l'avantage reste toujours au procédé qui permet de faire passer le plus grand nombre de trains avant et après cet accident. Il suffit que l'on puisse, avec l'intervalle adopté, prévenir le train suivant de s'arrêter à temps.

Or, l'intervalle est de dix minutes, soit 5 kilom. Un train peut s'arrêter dans l'espace de 500 mètres en moyenne; jamais il ne met plus de 1,200 mètres avec la vitesse, les pentes et la charge que nous considérons. Quand le signal est donné, et que le train commence à ralentir, ces 500 mètres seront parcourus en deux minutes, et il reste plus de temps qu'il n'en faut pour faire les signaux et porter le pétard en arrière.

Reste donc le service de la traction. Pour répondre le mieux aux exigences de ce service qui va se trouver obligé d'emprunter à tous les dépôts voisins les nombreuses machines qu'il faut réunir à chaque relai, il convient de se rapprocher le plus possible des usages ordinaires et des principes suivants :

Une machine sera toujours conduite par son mécanicien;

Les mécaniciens ayant à parcourir une section qu'ils ne connaissent pas resteront au moins sur la même section pendant toute l'opération.

Enfin on peut admettre en moyenne que les machines que nous considérons ont besoin de prendre de l'eau tous les 30 kilom., et que les dépôts où les machines doivent être changées sont distants de 150 kilom. environ. D'ailleurs, quoique l'alimentation exige moins de temps, chaque fois qu'une machine s'arrêtera à une prise d'eau ou au dépôt, l'arrêt sera de dix minutes, puisqu'on peut en faire profiter les troupes, sans nuire à la fréquence des départs.

On reste donc dans le domaine pratique en organisant le service comme il suit : Tous les 30 kilom. parcourus, on fera un arrêt de dix minutes. Au bout de 150 kilom., une machine sera relevée après un service de cinq heures cinquante minutes. Le mécanicien aura une heure vingt minutes de repos, puis il fera de nouveau le trajet en sens inverse, avec le matériel vide, pour terminer son service journalier.

Revenu à son dépôt, au bout de treize heures, il restera encore onze heures pour qu'il puisse se reposer et pour qu'on vérifie sa machine.

Comme il passe en chaque point de la ligne 144 trains par jour, et que chaque machine fait journellement un trajet de 150 kilom., aller et retour, il faudra, pour organiser ce service, autant de fois, moins une, 144 machines qu'il y a de relais de 150 kilom. dans la distance à parcourir, plus celles des trains qui embarquent et débarquent. Sur les 144 machines de chaque dépôt, il y en aura constamment 30 attelées aux trains montants, 30 aux trains descendants et 84 en station.

Avec les arrêts de dix minutes qui se produisent, la vitesse effective sera de 30 kilom. en une heure dix minutes ou de 25 kilom. 7 à l'heure, et le trajet effectué en vingt-quatre heures sera de 617 kilom.

On voit qu'aucune raison provenant du service technique ne s'oppose à une pareille méthode de transport. On doit ajouter cependant qu'il peut y avoir intérêt pour l'armée à ce que les mécaniciens soient payés plus largement et qu'on leur enlève le bénéfice qu'ils font sur les économies de charbon.

§ 5. — CONDITIONS QUE L'ARMÉE DOIT S'IMPOSER POUR PERMETTRE CETTE SOLUTION.

Examinons maintenant quelles sont les conditions que l'armée doit s'imposer pour permettre ce mode d'exploitation.

Elles se réduisent à deux principales :

1° Activer l'embarquement et le débarquement.
2° Ne pas exiger de longs arrêts en route.

§ 6. — MATÉRIEL D'EMBARQUEMENT ET DE DÉBARQUEMENT.

On a bien admis que, dans certains cas, on emploierait un matériel de rampes mobiles pour l'embarquement des chevaux et voitures ; mais on considère cet usage comme exceptionnel, et l'on préfère des quais fixes, permanents ou provisoires pour cet objet. Or, ces quais provisoires seront à installer au moment du besoin, alors que les militaires rejoignent leur corps, s'arment, s'équipent et courent à leurs magasins pour y prendre le matériel ; alors que les agents des chemins de fer profitent des derniers moments de la circulation pour exécuter les transports entrepris, livrer les marchandises, préparer le matériel roulant ; alors que, en un mot, tout est à faire.

Ces quais seront donc imparfaits ou livrés trop tard. Les créer d'avance, aux extrémités de chaque ligne, ce serait gêner la circulation et imposer aux compagnies une servitude pénible. En outre, ils n'arriveraient jamais à permettre un embarquement assez rapide. Il est donc nécessaire de recourir au procédé général de l'embarquement avec un matériel mobile. C'est le seul qui permette à une série de trains échelonnés le long d'une ou plusieurs lignes d'embarquer simultanément une grande quantité de troupes.

Partout où la voie est à fleur du sol et où elle est traversée ou longée par un chemin, les chevaux et voitures peuvent arriver sur la voie et s'y embarquer. Si des trains d'infanterie doivent se placer dans l'intervalle, on pourra utiliser les points dont l'accès est plus difficile.

Une reconnaissance détaillée du réseau français et l'établissement de cartes à grande échelle feraient voir promptement tout le parti que l'on peut tirer de cette méthode.

Les stations et les voies de garage qui s'y trouvent seront naturellement utilisées, mais les trains qui profiteraient d'un quai fixe devraient, comme les autres, emporter leur matériel d'embarquement pendant tout le trajet. On aurait beau prévoir, pour quelques-uns d'entre eux, la possibilité de débarquer bord à quai, des circonstances imprévues peuvent modifier les décisions prises ou nécessiter un débarquement prématuré. Une simplification peut cependant être admise pour l'infanterie, si l'on consent à grouper dans un seul train tous les chevaux et voitures d'un régiment.

Un régiment étant composé de trois bataillons et exigeant trois trains, il n'y aura plus besoin de matériel d'embarquement que pour un seul de ces trains; l'inconvénient de ce groupement serait faible et l'économie assez considérable. Ce matériel est à déterminer par l'expérience, mais il doit être préparé dès maintenant, par les soins de l'armée, et servir à de fréquents exercices pour toutes les troupes.

L'armée sera seule chargée de l'embarquement dans le train qu'on lui aura préparé, et les agents de l'exploitation n'auront qu'à s'occuper de l'attelage des wagons. Les trucs chargés de voitures pourront peut-être emporter ce matériel démonté, qui doit être léger, mais, s'il le faut, on ajoutera un truc spécial pour cet objet.

§ 7. — NOMBRE DE PLACES VIDES DANS CHAQUE WAGON.

Il est important que l'infanterie n'occupe que huit places sur dix dans chaque compartiment. Si les arrêts sont courts et le trajet assez long, il faut que l'installation soit commode. Il faut également que les hommes puissent manger pendant la route et qu'ils aient la place voulue pour emporter des vivres d'avance.

Il faut surtout que l'embarquement soit aussi rapide que possible et qu'il puisse se faire, sans le triage préalable de l'adjudant-major, avec de simples commandements militaires qui feraient partie dorénavant de l'instruction du bataillon. Si l'on admet qu'il y aura huit hommes par compartiment, il n'y a plus qu'à faire les commandements suivants, dès que la troupe est en bataille devant le train :

1° *Les serre-files dans le rang.*

2° *Par la droite du bataillon et dans chaque rang comptez-vous quatre.*

3° *Par quatre files à droite.*

4° *Sur la tête du train alignement.*

5° *Vos sacs à terre.*

6° *En wagon.*

Au premier commandement, les officiers se placent au centre de leur subdivision. Au quatrième, les groupes de quatre files, en colonne, se placent à la hauteur de leur compartiment à des distances variables suivant les vides qui correspondent aux wagons d'officiers, de chevaux, etc., etc. Inutile d'expliquer les autres mouvements.

Au sixième commandement, les hommes embarquent comme il est prescrit, les sous-officiers montant les derniers (et sortant les premiers à chaque arrêt). Le sous-officier le plus ancien est *chef de wagon* et responsable de l'ordre pendant la marche. Il inscrit à la craie ou sur une pancarte son nom, son corps et sa compagnie, d'une façon apparente. Cette mesure suffira à faire retrouver le wagon à chaque arrêt et à désigner aux officiers l'emplacement de leur troupe et le sous-officier responsable.

§ 8. — NOMBRE DE WAGONS PAR TRAIN.

Le débit maximum d'une voie dépend de la contenance de chaque train. Mais les agents de l'exploitation doivent seuls rester maîtres du nombre de voitures qui composent un train. On peut, sans inconvénient, pour établir des calculs, estimer qu'un train est capable d'emporter en moyenne soit un bataillon d'infanterie, soit un escadron de cavalerie, etc., etc.; mais il faut que l'armée se garde d'attacher trop d'importance à cette expression.

La correspondance exacte entre un train et une unité tactique élémentaire serait une exigence militaire impossible à réaliser. Sans compter que l'effectif d'un bataillon, d'une batterie ou d'un escadron est susceptible de varier dans des limites assez étendues, il faut considérer, en outre, que les machines ont des puissances de traction très-différentes, et que chacune d'elles, en particulier, peut remorquer une charge qui varie avec le profil de la voie, avec le vent, l'état de l'atmosphère, l'état de la voie, etc., etc. Trop de raisons, provenant de causes diverses, s'opposent à ce que ce désir, plus ou moins justifié, soit satisfait. Il faut donc y renoncer, mais non sans obtenir que l'ordre le plus parfait soit maintenu pendant toute l'opération.

§ 9. — FORMATION D'UN CONVOI.

Voici ce que l'on peut admettre à cet égard. Ce ne sera plus un train qui correspondra avec une unité tactique élémentaire; ce sera un convoi de trains qui emportera d'un seul trait une unité secondaire, un groupe tactique, tel que : une brigade, une division, un parc, etc., etc.

Le général peut rester maître de disposer les troupes qu'il commande suivant un certain ordre en colonne de route, ordre qui sera observé pendant le transport, et tel, qu'après le débarquement, les groupes qui correspondent à chaque train n'ont plus qu'à serrer, pour former la colonne de marche qui a été prescrite. Le chef d'état-major relève, avec la plus grande exactitude, l'effectif en officiers, hommes, chevaux et voitures de différente espèce, par unité élémentaire successive ; puis la commission de ligne fait, dans cette colonne, les coupures que nécessite la composition de chaque train. Pendant que celle-ci donne les ordres voulus sur la ligne, le chef d'état-major, qui a reçu le travail ci-dessus, désigne le commandant militaire de chaque train, lui transmet la composition de la coupure correspondante, le numéro du train qu'elle doit prendre, l'heure et le lieu du rendez-vous, un extrait du tableau de marche, etc., etc. L'embarquement de toute la colonne se fera à peu près à la même heure ; le convoi correspondant sera lancé sur la ligne de concentration dans un ordre invariable, sans pouvoir être coupé par un autre convoi ; enfin, le débarquement sera simultané.

Si, après que l'état des effectifs de la colonne a été arrêté, des hommes absents ou malades manquent au rendez-vous, leurs places resteront vides. Si, à l'heure fixée pour le départ, l'embarquement n'est pas terminé, le commandant du train en est responsable, mais le train partira à l'heure dite, pour ne pas compromettre tout le mouvement.

Les hommes, chevaux ou voitures en question seront laissés en arrière et rejoindront plus tard dans des trains d'isolés, en même temps que ceux qui arrivent au corps pendant l'opération. Ces transports partiels seront préparés par les soins du service des étapes.

§ 10. — DISCIPLINE DU TRAIN.

L'armée n'est pas suffisamment pourvue de moyens de répression, pendant les marches qu'elle exécute en campagne, puisqu'elle ne peut que condamner à mort, moyen trop radical, ou mettre à la garde du camp, punition qui est trop souvent insuffisante. Mais, quand les troupes sont embarquées en chemin de fer, ce dernier moyen devient illusoire ; en outre, les officiers ne se trouvent plus au milieu de leurs hommes pour leur imposer le sentiment du devoir par leur ascendant et le respect qu'ils inspirent. Il est cependant de toute nécessité qu'un ordre ou un signal quelconques soient suivis de l'exécution la plus prompte, si l'on ne veut pas voir se renouveler les désordres qui nous ont tant affligés pendant la dernière campagne. Il faut donc, non-seulement installer dans chaque train un poste, commandé par un officier et chargé de saisir les coupables, mais encore donner à son intervention un caractère de répression énergique. Il faut, en un mot, que la discipline de fer de la marine soit décrétée, et surtout observée, pour les troupes embarquées dans un train. Là, comme à bord, les besoins sont les mêmes, et l'insoumission aussi préjudiciable.

Nous avons vu, en outre, que sous peine de former des trains trop ou trop peu chargés, sous peine de n'employer qu'un nombre restreint de machines pour faire la concentration, le commandant du train, et même le chef de wagon, pouvaient avoir sous leurs ordres des troupes de différents corps ou de différentes armes, pendant le trajet et l'embarquement. Mais nous savons aussi que la discipline militaire prévoit le cas, et que le bon esprit de l'armée saura s'y prêter. Aucun inconvénient ne peut résulter de cet état de choses, si chacun fait son devoir.

§ 11. — EXPLOITATION A DÉBIT MAXIMUM D'UNE LIGNE A DOUBLE VOIE.

Pour faire comprendre l'exploitation à débit maximum d'une ligne à double voie, sans faire une figure compliquée, on peut la comparer à la circulation de la sève dans un arbre. La sève partie d'un grand nombre de racines arrive à un tronc commun qu'elle parcourt, pour se distribuer ensuite aux rameaux ; puis elle redescend, depuis les feuilles, en parcourant de nouveau le tronc en sens inverse, pour retourner aux racines.

De même, pendant qu'un convoi exécute l'embarquement sur un embranchement donné, d'autres convois se préparent, soit en arrière, soit sur les embranchements voisins. L'écoulement sur le tronc commun est uniforme et continu. Lorsqu'on est arrivé à l'extrémité de ce tronc et près de la frontière, la ligne emprunte les bifurcations latérales pour opérer le débarquement. A mesure que les convois arrivent, ils se placent successivement sur chacun de ces rameaux et déchargent les troupes.

Pour que l'opération soit continue, il faut que les convois soient assez longs ou les embranchements assez nombreux pour que le déchargement et le retour à vide soient terminés sur le premier rameau, quand le dernier a fini de recevoir tout son convoi. On peut assurément allonger ou raccourcir les convois dans une certaine mesure, mais on ne pourra toujours disposer d'un grand nombre de rameaux pour le débarquement (ce qui n'est pas à craindre pour l'embarquement).

En supposant, en effet, que les mailles du réseau français soient également serrées sur tout le territoire, il résulte de la disposition convergente des lignes de concentration que le nombre de ces mailles dont chacune d'elles peut disposer se réduit rapidement en approchant de la base d'opération.

On peut cependant compter au minimum sur deux branches formant fourche, pour terminer la ligne la moins favorisée. Supposons donc que l'intervalle de dix minutes soit toujours conservé entre les trains en mouvement, et que l'on accorde largement trois heures ou 180 minutes, pour le débarquement de chacun d'eux. Admettons également que les branches sont à une seule voie, ou que l'on ne se serve pas de la seconde pour le retour à vide.

Dans le cas de deux rameaux seulement (le prolongement de la ligne comptant pour un, bien entendu), il ne peut y avoir continuité que si l'on groupe les trains vides deux par deux pour le retour. A partir du moment où le dernier train d'un convoi a franchi la bifurcation, il peut s'arrêter tout près et décharger. Donc si l'on appelle n le nombre des trains de chaque convoi, le temps nécessaire pour le débarquement et le retour à vide par doubles trains sera, en minutes :

$$180 + \frac{10n}{2}$$

Le temps nécessaire au convoi suivant pour se placer sur l'autre branche sera : $10\,n$. Ces nombres doivent être égaux, et l'on aura, pour déterminer n, la relation :

$$360 + 10\,n = 20\,n$$
$$n = 36$$

Il faut donc que les convois contiennent au moins trente-six trains pour que les deux branches puissent successivement les recevoir et se débarrasser avant l'arrivée du nouveau.

Le retour par doubles trains n'est plus nécessaire quand au lieu de deux branches on peut en trouver trois à des distances convenables de la frontière. Dans ce cas, le premier convoi emploie $(180 + 10\,n)$ minutes pour le débarquement et le retour par simple train ; mais, pendant ce temps, les deux convois suivants mettent $(2 \times 10\,n)$ minutes pour se placer sur leurs embranchements respectifs. On a donc :

$$180 + 10\,n = 20\,n$$

$$n = 18$$

Les convois doivent donc posséder, dans ce cas, au moins dix-huit trains pour que la continuité soit assurée. Pour quatre embranchements, on trouverait : $n = 9$, etc., etc.

La limite de trois heures que j'indique pour le débarquement a besoin d'être déterminée par l'expérience, et des exercices fréquents, exécutés par les troupes, permettront probablement de la réduire. On peut, en outre, donner deux appareils mobiles de chargement aux trains qui contiennent le plus grand nombre de chevaux et de voitures.

Pour continuer la description du mouvement circulaire, il reste à dire que les trains de retour empruntent la seconde voie de la ligne de concentration ou exécutent un détour dans le réseau si la double voie fait défaut sur certains points. Dans une ou plusieurs grandes gares situées sur le trajet de retour, on effectue un triage des trains, pour qu'ils puissent se présenter de nouveau à l'embarquement suivant la formation par trains et convois qui convient à une nouvelle brigade ou division.

Telle est, dans son ensemble, l'économie de ce système d'exploitation. Je n'insisterai pas sur les détails pour ne pas allonger davantage, et je parlerai plus loin des marches que les troupes auront à exécuter aux deux extrémités de la ligne, pour se rendre au lieu d'embarquement ou pour arriver sur le front des opérations.

En raison du matériel dont la France dispose actuellement,

on peut calculer approximativement quelle serait l'étendue d'une ou de plusieurs lignes sur lesquelles on aurait établi une pareille exploitation, en supposant que la circulation durât plusieurs jours d'une façon continue.

Il y a environ 3,750 machines disponibles pour ce mouvement, en éliminant les machines trop fortes qui ont une faible vitesse, les machines trop faibles qui ne peuvent traîner que peu de wagons, et en supposant que le quart de ce qui reste est en réparation. En faisant le calcul avec ce nombre de machines, le tronc commun pourrait avoir une longueur de 3,740 kilom., et en ajoutant 30 kilom. environ pour la distance de chaque extrémité du tronc aux points d'embarquement et de débarquement, le parcours total moyen serait de 3,770 kilom., pour une seule ligne de concentration. En reprenant le calcul pour quatre lignes de concentration fonctionnant en même temps, on trouve que chacune d'elles pourrait avoir un tronc commun de 676 kilom., et que les trains feraient un parcours moyen de 736 kilom.

Telles sont les indications générales que le cadre de cette étude permet de donner sur une semblable opération.

Après avoir expliqué la méthode d'embarquement et de débarquement ci-dessus, et démontré qu'elle peut également satisfaire aux exigences de l'armée pour son transport, et à celles des compagnies pour l'exploitation, examinons maintenant la seconde condition que les troupes doivent s'imposer pour arriver au résultat proposé : la suppression des repas au buffet, et la diminution des arrêts.

§ 12. — REPAS DES HOMMES.

On parle d'installer des buffets militaires spéciaux où des

arrêts d'une heure permettraient aux hommes, deux fois par jour, de prendre un bon repas. Ces buffets exigent la construction de hangars provisoires assez vastes, puisqu'ils sont appelés à contenir 1,000 ou 1,200 hommes à la fois, et l'installation de fourneaux, marmites, tables, bancs et ustensiles de cuisine, de distribution et de consommation. Tout cela embarrassera les abords de la gare, ou la gare elle-même, dès les jours qui précéderont la concentration, parce qu'il faudra s'y prendre d'avance. Et encore sera-t-on prêt?

La dépense sera assez grande, puisque cette méthode de concentration exige l'emploi simultané d'un grand nombre de lignes de concentration; si l'on suppose quinze lignes différentes, il faut trente buffets pour les deux repas.

La nourriture y sera mauvaise, et l'on se figure facilement, même avec l'espacement d'une heure entre les trains, ce que peut fournir une usine à soupe qui est chargée de fabriquer et de distribuer 1,000 rations par heure pendant plusieurs jours. D'ailleurs, est-ce que le soldat ne peut vivre que de soupe? Dieu merci, il ne demande pas mieux que de varier. Si c'est du rata que l'on veut fabriquer, les objections sont les mêmes. Laissons donc les nations voisines imaginer à leur aise ces confortables installations. On peut facilement se contenter de moins, et le soldat mangera tout aussi bien, pendant le trajet, un morceau de viande froide ou de charcuterie, en buvant avec son bidon.

Du reste, comme il a été dit en commençant, c'est le principe des buffets militaires qui nécessite l'intervalle d'une heure entre les trains. En doublant seulement le débit de la voie, il faut doubler le nombre des rations à livrer par heure. On ne peut pas réduire à une demi-heure le temps nécessaire à la distribution et à la consommation. Ce serait insuffisant pour servir 1,000 ou 1,200 hommes. Il faudrait donc faire stationner deux trains en même temps, leur laisser une heure à chacun, ce qui conduirait à doubler la surface des hangars, et à faire deux installations considérables et forcément voisines, soit 60 buffets. Les hommes, qui sont obligés de quitter leur train, auraient une grande tendance à se mélanger, et l'on n'arriverait pas, malgré les plus grands efforts, à empêcher le désordre de se produire au moment du départ. Que serait-ce donc s'il s'agissait de six trains et de 6,000 rations par heure?

Sans doute, on doit chercher à améliorer le bien-être du soldat quand on peut le faire sans nuire à des intérêts majeurs. Mais ce n'est pas le cas ici. Nous sommes en présence d'une concentration à opérer; il n'y a qu'une voix dans l'armée pour proclamer que le sort de la campagne dépend de sa rapidité, et ce n'est pas à ce moment qu'il faut arrêter les trains pendant une heure, ni surtout organiser des repas qui diminuent la fréquence des départs.

§ 13. — ARRÊTS EN ROUTE.

Nous avons vu que la machine s'arrêterait au bout d'une heure de trajet, pendant dix minutes. Les hommes pourront donc descendre pendant cinq ou six minutes chaque heure environ. Trouve-t-on qu'un pareil voyage engendrera une fatigue intolérable, et veut-on que les troupes qui partent en campagne soient mieux traitées que les voyageurs du train rapide de Paris à Marseille? Ce que l'on peut dire à cet égard, c'est qu'un long voyage est toujours un peu fatigant, mais on préfère encore, quand on est libre, diminuer les arrêts pour en finir plus tôt et retrouver promptement le jeu naturel de ses muscles. J'en prends à témoin l'exemple ci-dessus : Les gens qui vont de Paris à Marseille, et qui ont le moyen de prendre les premières classes, se garderaient bien de choisir un autre train que celui-là, quoique les arrêts soient rares et courts et qu'il ne leur soit accordé que vingt-cinq minutes pour déjeuner à Lyon. On peut remarquer en outre qu'un grand nombre de ces voyageurs mangent pendant le trajet sans y trouver une grande gêne; il n'est donc pas besoin d'inventer cet usage pour les troupes.

D'ailleurs, le même argument doit toujours rester victorieux. C'est la raison militaire qui prime toutes les autres, elle qui engendre bien d'autres maux plus graves à la guerre, et que l'on a bien le droit d'invoquer quand il ne s'agit que d'un peu de gêne.

Si l'on tient à distribuer du café chaud une fois par jour, rien de plus facile, mais encore faut-il le faire pendant le trajet, pour empêcher les hommes de s'éloigner trop de leur train. L'installation, dans une des gares où la machine s'arrête, sera très-simple, et l'on n'aura plus qu'à livrer, dans chaque wagon, un bidon plein de café que l'on se partagera dès que le train sera reparti.

§ 14. — NOURRITURE DES CHEVAUX.

Il ne reste plus à parler que de la nourriture des chevaux. Or, voici ce que disent à cet égard les officiers de cavalerie, d'artillerie et du train que j'ai consultés.

Pendant le premier jour, les chevaux n'ont besoin ni de boire ni de manger. On pourrait même prolonger leur diète pendant trente-six heures. Mais au delà, pour les trajets de quarante-huit heures. par exemple (les plus longs qui puissent se présenter), il faudrait les faire boire au milieu de la route.

On pourrait leur offrir à manger, mais cette nourriture n'est pas indispensable et ne leur profite pas beaucoup. L'important, ajoutent-ils, c'est de tenir les chevaux en wagon le moins longtemps possible; et ce n'est qu'une fois à terre qu'ils feront un bon repas. Dans le train, l'ébranlement, les secousses, l'inquiétude les fatiguent plus que le défaut de nourriture.

La méthode proposée pour les transports sera donc moins pénible pour les chevaux que celle que l'on a employée jusqu'ici. Voici du reste comment on organiserait l'arrêt nécessaire pour faire boire les chevaux, quand le trajet durerait plus de trente-six heures, ce qui se présentera pour un petit nombre de corps d'armée, puisqu'en trente-six heures on parcourt 925 kilom.

§ 15. — ARRÊTS DE TRENTE MINUTES.

Dans une grande gare située vers le milieu de la ligne, et possédant plusieurs voies de garage reliées à la ligne principale par les deux extrémités, le train n° 1 prend la voie A et s'y arrête. — Dix minutes après, le train n° 2 prend la voie B et s'y arrête. — Dix minutes après, le train n° 3 prend la voie C et s'y arrête. — Dix minutes après, le train n° 4 remplace sur la voie A le train n° 1 qui vient de partir après un arrêt de trente minutes, et ainsi de suite. Chaque train aura trente minutes pour faire boire les chevaux comme il est prescrit, et c'est bien suffisant. Les tonneaux d'eau se trouvant en face du train, les hommes ne devront pas s'écarter. Les trains d'infanterie profiteront de l'arrêt comme les autres, car il importe avant tout que l'ordre en colonne ne soit pas interverti.

§ 16. — POSTE ET RAVITAILLEMENT.

Le service de la poste pourra se servir des trains militaires, mais à la condition de ne modifier en rien le nombre et la durée des arrêts.

Quant aux vivres, ce ne serait pas un grand retard que de faire circuler entre les convois les deux ou trois trains nécessaires chaque jour au ravitaillement des troupes déjà rendues sur la frontière. Mais, pour éviter de retenir les troupes auprès des points de débarquement qu'elles embarrasseraient, et pour leur permettre d'entrer de suite en action, il vaut mieux qu'elles emportent avec elles quelques jours de vivres d'avance, si elles ne doivent pas en trouver dans les places frontières.

§ 17. — RÉSUMÉ DES PROPOSITIONS.

En résumé, pour arriver au débit maximum d'une ligne à double voie, il faut :

Que l'intervalle entre les trains soit réduit à dix minutes ;

Qu'il n'y ait d'autres arrêts en route que ceux qui sont nécessaires à la machine ;

Que les hommes mangent pendant la marche ;

Que si le trajet dure trente-six heures ou plus, on s'arrête une demi-heure par jour pour faire boire les chevaux ;

Que l'unité tactique des troupes ne corresponde plus à un train, mais qu'un groupe tactique corresponde avec un convoi de trains ;

Qu'un convoi tout entier soit embarqué simultanément le long d'une ou de plusieurs voies, avec des rampes mobiles, qu'il soit lancé tout d'un trait, et dans un ordre constant sur la ligne de concentration, et qu'il soit débarqué en même temps ;

Qu'un cinquième des places soit vide dans chaque wagon ;

Que les troupes emportent des vivres d'avance pour les jours qui suivront le débarquement ;

Que la discipline de fer de la marine soit mise en vigueur pour les troupes embarquées sur chemin de fer.

Le vœu formulé par M. Jacqmin comme devant répondre à des besoins militaires, d'après lequel le général en chef, embarqué le dernier, pourrait arriver le premier à destination, est d'une réalisation impossible en présence des sacrifices qu'il imposerait pour la rapidité de la concentration.

D'ailleurs, la méthode ci-dessus donne, plus que toute autre, une satisfaction désirable à cet égard, puisque l'embarquement, le transport et le débarquement de toute la colonne se font presque simultanément, dans un ordre parfait, et sans interruption. Avec le plan de marche de son convoi, un général sait, à une heure donnée, où se trouve chacun des corps qu'il commande.

Nous allons voir maintenant quel usage on peut faire de ces principes pour les différents transports de troupes, et d'abord pour les concentrations.

§ 18. — CONSIDÉRATIONS GÉNÉRALES SUR LES CONCENTRATIONS.

La rapidité d'un grand mouvement de concentration dépend surtout, comme on l'a dit en commençant, de la fréquence des départs. Cette question vient d'être étudiée ; il n'y a pas à y revenir. Pour résoudre complétement le problème de la concentration, il faudrait avoir des documents exacts sur le matériel roulant que la France possède actuellement, sur celui qu'elle possédera bientôt, sur la répartition de ce matériel dans les différents dépôts, sur les points où l'embarquement et le débarquement sont possibles, puis sur les lieux et les effectifs des garnisons, la position et l'importance des magasins, enfin sur la rapidité de la mobilisation.

Mais une semblable application sortirait du cadre de ce travail qui n'a pour but que l'exposé d'une méthode générale ; et d'ailleurs, il ne serait pas convenable de la publier.

Nous allons examiner rapidement, et par ordre d'importance, les éléments suivants qui influent de différentes manières sur la rapidité d'une concentration :

Les préparatifs du mouvement ;

L'emploi simultané d'un grand nombre de lignes ;

Les moyens de réduire l'effectif à transporter ;

Les moyens de réduire la distance à parcourir ;

L'influence de la vitesse de marche.

§ 19. — OPÉRATIONS QUI PRÉCÈDENT LA CONCENTRATION.

A partir du jour où la guerre est décidée, il faut un certain temps sur chaque ligne pour préparer le mouvement. Ce temps peut varier suivant la méthode d'exploitation que l'on veut employer, mais encore faut-il bien examiner si une perte de temps au début ne constitue pas une sage précaution pour la sécurité, l'ordre et la rapidité de l'opération totale.

On ne peut guère admettre que, dès la première heure, on emploie les trains ordinaires de l'exploitation pour expédier les premiers régiments sur la frontière.

Les troupes ont besoin d'un certain temps pour se préparer au départ, temps que l'on cherchera à réduire le plus possible, d'accord, mais que les chemins de fer pourront employer pour se disposer à une méthode spéciale d'exploitation. Quelques régiments isolés, venus de loin, ne produiraient pas un grand résultat sur la frontière. Si l'on en a besoin pour exécuter quelques reconnaissances hardies, on peut confier ce rôle aux troupes qui sont sur place et qui peuvent revenir dans leurs garnisons les jours suivants pour compléter leur organisation.

D'ailleurs, il ne peut être question d'expédier en campagne un corps de troupes avant qu'il ne soit complet dans tous ses services, avant qu'il n'ait reçu ses réserves et son matériel.

La mobilisation sera locale et rapide, tout le fait espérer.

Les ordres à donner seront prêts d'avance, les distances à parcourir par les réservistes seront courtes, les magasins des corps seront bien fournis, le matériel sera sur roues ; mais on jetterait une grande perturbation dans ces opérations préliminaires, si l'on faisait partir certains corps prématurément, à part l'exception ci-dessus

En outre, si l'on veut arriver promptement à un résultat sérieux, il faut cacher à l'ennemi le plus longtemps possible le plan de campagne que l'on a adopté. En expédiant de suite un certain nombre de trains par chacune des lignes, on dessine trop tôt le front de concentration, on gène les préparatifs sur ces lignes et l'on retarde l'époque à laquelle des arrivages nombreux permettront d'entreprendre une résistance effective ou une offensive prévue.

Ainsi donc, pour les deux méthodes de transport ci-dessous qui sont en présence, il faut laisser le même temps aux troupes pour se préparer. De ces deux méthodes, la première, que j'appellerai *méthode adoptée*, consiste à employer un grand nombre de lignes de concentration (supposons 15) avec le faible débit d'un train par heure ; la seconde, que j'appellerai *méthode proposée*, consiste à employer un nombre restreint de lignes (supposons 5) avec le débit maximum de six trains par heure. Comment les chemins de fer vont-ils utiliser le temps qui leur est laissé, pour obtenir bientôt la plus grande activité ? Le tableau suivant met en parallèle les préparatifs qui sont nécessaires dans chacun de ces cas.

OPÉRATIONS PRÉLIMINAIRES DES CHEMINS DE FER DANS LA

MÉTHODE ADOPTÉE	MÉTHODE PROPOSÉE
Décharger les wagons . . .	*Même opération.*
Disposer un certain nombre de wagons pour le transport des hommes et des chevaux.	*Même opération.*
Assurer l'approvisionnement d'eau et de charbon. — Terminer promptement les réparations de la voie et de quelques machines......	*Même opération.*
Construire des quais provisoires, ce qui ne peut se faire d'avance.............	*Les rampes mobiles constituent un matériel prêt d'avance.*
Installer les buffets militaires, ce qui est très-long..	*Supprimés.*
Concentrer le personnel et le matériel sur quinze lignes.	*Même opération pour installer les relais de machines sur cinq lignes et les premiers convois pour l'embarquement. C'est plus long à faire, mais cela ne demandera pas plus de temps que la construction des quais et des cuisines, ni que la préparation des troupes.*

Le temps exigé par les chemins de fer pour se préparer sera donc à peu près le même dans les deux cas. Fût-il supérieur dans la méthode proposée, il ne dépasserait pas le temps dont l'armée a besoin, mais il permettrait par la suite une activité bien plus grande.

§ 20. — EMPLOI SIMULTANÉ D'UN GRAND NOMBRE DE LIGNES.

De ce que l'on propose de faire passer six trains par heure au lieu d'un, il n'en résulte pas que la concentration sera six fois plus rapide. Le matériel dont on dispose ne permet pas d'opérer de la sorte sur un grand nombre de lignes à la fois. Mais on peut se demander s'il n'y aurait pas avantage à employer simultanément le plus grand nombre de lignes que l'on pourrait trouver, en augmentant autant que possible la fréquence des départs, de façon à améliorer la méthode proposée.

La réponse est donnée par des raisons militaires de premier ordre. Il importe en effet de ne pas employer tout le temps de l'opération pour concentrer chaque corps d'armée.

Le plus grand désordre pourrait se produire si l'ennemi surprenait ce mouvement avant qu'il fût terminé, parce qu'on ne serait pas assez en mesure de résister. Il est bien préférable de transporter de suite un certain nombre de corps d'armée complets sans s'occuper des autres en même temps, et d'en avoir quelques-uns en ligne dès les premiers jours, soit pour protéger la concentration des autres, soit pour engager l'action offensive et troubler la concentration de l'ennemi. Cette dernière méthode a une valeur tactique incontestable que l'on ne peut obtenir qu'en produisant le débit maximum sur un certain nombre de lignes. Elle répond beaucoup mieux aux principes invariables des mouvements de troupes dans les évolutions de ligne, d'après lesquels les unités de combat arrivent toujours groupées sur le front de bataille, de façon à se protéger mutuellement pendant leur formation individuelle, et à prendre successivement part à l'action générale.

En dehors de ces considérations militaires, il serait difficile de trouver quinze lignes de concentration qui soient toutes à deux voies, et qui ne s'empruntent pas mutuellement des tronçons communs. Si l'on y arrive, ce sera en demandant aux compagnies de construire certains bouts de voie qui n'existent pas actuellement, qu'elles n'ont peut-être pas grand intérêt à exploiter, et qu'il faudra subventionner fortement. En outre, ces voies feraient forcément beaucoup de zigzags, et exigeraient un long trajet. En employant moins de lignes, il devient plus facile de trouver des voies doubles, des voies distinctes, et des trajets plus directs. On peut ajouter aussi qu'en cas d'accident grave sur une de ces lignes, on pourra trouver un détour sans tomber dans la ligne voisine, ce qui serait bien difficile avec l'autre méthode.

§ 21. — EFFECTIF A TRANSPORTER.

Tout le monde est d'accord pour admettre que l'utilité du transport en chemins de fer ne se fait sentir que lorsque la distance à parcourir est suffisamment longue, distance différente pour l'infanterie et la cavalerie. Les corps les plus voisins de la frontière se rendront donc par étapes jusque sur la ligne d'opérations, et il n'y a pas à insister sur cette règle. Mais il est nécessaire de dire quelques mots du désir que l'on entend souvent formuler, de voir un plus grand nombre de corps opérer de cette façon. En d'autres termes, y a-t-il intérêt à condenser davantage les troupes près de la frontière la plus menacée, et à rapprocher de ce point le centre de gravité des garnisons?

Je crois que l'on a agi plus sagement en répartissant les

corps d'armée dans toute la France, proportionnellement à la population. C'est le seul moyen, en effet, d'arriver à une grande rapidité pour la mobilisation, puisque les réservistes doivent rejoindre les corps les plus voisins, ceux qui tiennent garnison dans leur pays. On perdrait en somme beaucoup plus de temps s'il fallait de nombreux transports par chemins de fer pour faire arriver de loin des isolés, destinés à marcher par étapes avec leurs corps; et l'on gênerait considérablement la préparation du mouvement pour les corps constitués. En outre, on exposerait aux premières attaques de l'ennemi les centres de ravitaillement, les dépôts, les magasins et les arsenaux d'un plus grand nombre de corps d'armée.

Il ne faut donc pas chercher à réduire de cette façon l'effectif à transporter.

§ 22. — DISTANCE A PARCOURIR.

On peut faire une économie sensible sur le temps de la concentration, et sur la fatigue du trajet en chemin de fer, en admettant que le débarquement s'opérera à quelques journées de marche en arrière de la ligne d'opération, et que les troupes feront à la rigueur quelques étapes pour arriver au point d'embarquement.

De cette façon, le débarquement sera favorisé parce que le tronc commun de chaque ligne de concentration pourra emprunter un plus grand nombre de rameaux pour s'épanouir près de la frontière. En outre, pendant que chaque ligne exécute le transport du corps d'armée qui se trouve le mieux à cheval sur elle, les autres, situés à droite et à gauche, qui doivent emprunter le même tronc commun se transportent, par colonnes correspondant à des convois, près d'un point d'embarquement convenablement choisi et plus près du but. Enfin en réduisant la distance à parcourir on rend libre un certain nombre de machines et de trains qui permettront d'augmenter le nombre des lignes de concentration.

§ 23. — VITESSE DE MARCHE

En augmentant la vitesse de marche au-delà de 30 kilom., on arriverait à un résultat contraire à celui que l'on veut atteindre. On serait obligé d'augmenter l'espace entre les trains pour obtenir la même sécurité; on ne pourrait pas atteler un aussi grand nombre de wagons à chaque machine; et surtout on serait obligé de renoncer à l'emploi de certaines machines à marchandises, les plus utiles parce qu'elles peuvent traîner de forts poids, mais qui ne peuvent pas dépasser une certaine vitesse. Pour augmenter au contraire le nombre des machines dont nous pouvons disposer pour une concentration, il y aurait plutôt intérêt à diminuer qu'à augmenter cette vitesse de 30 kilom. Le seul inconvénient de ce fait serait d'augmenter le temps que dure le trajet, et la fatigue des hommes et des chevaux.

§ 24. — EXPOSÉ DE LA MÉTHODE DE CONCENTRATION PROPOSÉE.

En partant des principes ci-dessus, pendant que les troupes se mettront sur le pied de guerre, les chemins de fer se mettront sur le pied de concentration. Comme il y a environ quinze corps d'armée à transporter par chemins de fer, on emploiera au moins cinq lignes de concentration simultanées, en organisant sur chacune d'elles l'exploitation à débit maximum, comme il est dit au paragraphe 11. Si actuellement le matériel dont on dispose ne permet pas encore d'adopter cinq lignes différentes assez longues, on augmentera de quelques minutes l'intervalle entre les trains sur les lignes les plus étendues, ou pour les corps les plus éloignés. Ces lignes, qui auront été choisies aussi directes que possible, seront entièrement à double voie, ou emprunteront pour le retour des branches voisines dans le réseau. Chacune d'elles desservira trois corps d'armée successivement, en déviant un peu son extrémité initiale s'il est nécessaire, et en alimentant sa circulation avec des convois pris dans le même corps à droite, à gauche ou en arrière. Les corps les plus éloignés de la frontière, et qui pourront être pris les derniers, diminueront le trajet à effectuer en chemin de fer, dans la partie où la divergence de ces lignes rend leur écartement plus grand, en se mettant en marche dès qu'ils sont prêts, pour se rapprocher du tronc commun. Ils se formeront par colonnes de convoi dans le voisinage des points d'embarquement qui auront été reconnus d'avance.

Le débarquement s'opérera, au moins pour les corps qui arrivent en seconde ligne, à quelques étapes en arrière du front d'opération, ce qui aura l'avantage, tout en diminuant le trajet, de donner l'ensemble voulu à ces troupes au moyen de quelques journées de marche.

Pour donner, par quelques chiffres, une idée de la rapidité de la concentration par la méthode proposée, nous prendrons les données suivantes :

Un corps d'armée de 36,000 hommes, complet dans tous ses services, exige environ cent trains pour son transport.

La distance de 617 kilom. étant effectivement parcourue en vingt-quatre heures, c'est celle que nous supposerons pour la longueur du tronc commun.

Nous supposerons en outre que le trajet effectué par les trains en dehors de ce tronc commun pour se rendre aux points d'embarquement et de débarquement est en moyenne, à chaque extrémité, de 30 kilom. La distance moyenne parcourue par les troupes sera donc de 677 kilom.

Supposons qu'il faille en moyenne trois heures pour embarquer, deux heures pour arriver sur le tronc commun, et le même temps pour l'opération inverse au débarquement, voici ce qui se passera :

Le train n° 1 commence à charger.	le 5 mai	à midi
Le chargement est terminé......	le 5 mai	à 3 h. soir
Il arrive sur le tronc commun....	le 5 mai	à 5 h. soir
Le tronc commun est parcouru en entier......................	le 6 mai	à 5 h. soir
Il arrive au point de débarquement	le 6 mai	à 7 h. soir
Le débarquement est terminé....	le 6 mai	à 10 h. soir
L'écoulement de 100 trains à débit maximum devant durer 17 heures environ, le train n° 100 se trouve dans toutes les positions du train n° 1, 17 heures après lui; et à chaque nouvel intervalle de 17 heures, un nouveau corps d'armée a exécuté la même période. Donc le train n° 100, et avec lui le 1er corps d'armée, ont terminé leur débarquement	le 7 mai	à 3 h. soir
Le 2e corps d'armée est débarqué.	le 8 mai	à 8 h. matin
Le 3e corps d'armée est débarqué.	le 9 mai	à 1 h. matin

L'opération complète a duré un temps variable pour chacun de ces corps séparément, suivant la longueur du trajet qu'ils ont parcouru; mais, comme l'embarquement de chaque convoi commence toujours assez tôt pour qu'il n'y ait pas d'interruption dans la circulation, quel que soit le temps mis par le premier corps d'armée, les autres se succèdent à dix-sept heures d'intervalle (pour cent trains).

Dans le cas considéré, le premier corps a mis deux jours et trois heures pour terminer sa concentration, à une distance de 677 kilom. de son point de départ. Il a fallu deux jours et vingt heures pour avoir deux corps d'armée en ligne, et trois jours et treize heures pour terminer l'opération complète. On voit qu'il n'y aurait pas grand inconvénient à ce qu'une de ces lignes fût chargée de transporter quatre corps, tandis qu'une autre n'en desservirait que deux, si leur tracé doit être facilité par ce fait.

§ 25. — DIFFÉRENTS TRANSPORTS DE TROUPES.

Il y a peu de chose à dire pour les transports de troupes que l'on peut avoir à faire en dehors de la concentration, ou qui ne peuvent pas y être assimilés par leur importance. On peut faire remarquer cependant quelle infériorité nous aurions sur les Allemands, si nous conservions le principe de l'intervalle minimum de une heure entre les trains, quand il s'agirait d'expédier des renforts à une armée trop faible qui opère isolément, dès qu'elle prévoit une attaque. L'armée ennemie qui assiégeait Paris avait des convois tout préparés pour soutenir celles qui observaient l'armée du Nord et l'armée de la Loire.

Ce cas pourra se présenter pour nous, et nous aurions même pu le faire naître, si nous avions voulu, dans la dernière campagne. On conçoit alors l'importance qu'il y aura à augmenter la fréquence des départs, à augmenter également la vitesse de marche s'il y a peu de trains, à se servir même dans certains cas des deux voies à la fois. Si la sécurité est moins grande par l'usage d'une ligne à contre-voie, ou par l'emploi d'une plus grande vitesse de marche, l'importance du but à atteindre doit excuser la témérité de l'entreprise.

S'il s'agit de traverser une section à simple voie assez courte, qui interrompt une ligne double dans une exploitation continue, on pourra réduire à moins de dix minutes l'intervalle entre les trains, de façon à resserrer chaque convoi, et à faire passer successivement dans chaque sens un convoi montant et un convoi descendant, avec pilote sur le dernier train.

On essayera peut-être aussi des mouvements tournants, ou des pointes hardies en chemins de fer, avec des troupes chargées de surprendre les communications de l'ennemi en des points mal gardés. Sans vouloir entrer dans tous les détails de cette opération, on voit tout d'abord qu'elle sera d'autant plus facile qu'il y aura moins d'artillerie, de cavalerie et d'*impedimenta* dans la colonne.

En arrivant près de l'objectif, il faudra envoyer en avant une locomotive en reconnaissance, diminuer la vitesse, serrer les distances, emprunter les deux lignes à la fois, se concentrer en un mot pour pouvoir se soutenir en cas d'attaque, et surtout pour placer le convoi dans un lieu convenable pour le débarquement, position qui serait voisine d'une crête facile à défendre et à l'abri de laquelle on puisse protéger un rembarquement prématuré. Si l'opération marche bien dès le début, le convoi peut se rapprocher de la troupe chaque jour, et tenir lieu de base volante d'opération, de centre de ravitaillement, de cantonnement et d'ambulance.

Les machines seraient en queue des trains pour être mieux protégées et prêtes à battre en retraite, et leur approvisionnement serait doublé au moyen d'un wagon chargé de charbon et d'eau, etc., etc.

Enfin, il peut se faire que l'on introduise définitivement l'usage de wagons blindés pour l'artillerie, et de wagons blockhaus contenant de l'infanterie, pour protéger ces pièces, ce qui exigerait préalablement une étude approfondie de ce matériel, du rôle qu'il peut jouer, et des circonstances spéciales dans lesquelles son action serait possible et utile.

En terminant, je reviendrai sur la nécessité pour tous les officiers de l'armée d'étudier les méthodes de transport par chemins de fer. La réunion des officiers semble avoir bien compris l'importance de cette tâche, intérêt qui se révèle par l'appel qu'elle adresse à ses camarades, et par l'accueil bienveillant qu'elle fait aux travaux de cette nature.

L'histoire militaire nous a toujours montré, en effet, que la science des marches bien réglées et des concentrations opportunes équivaut, pour celui qui la possède le mieux, à une grande supériorité numérique et presque toujours à la certitude du succès. Or, les chemins de fer sont appelés à donner à cette science une exactitude et une puissance d'effets qu'elle n'a jamais eues.

DEUXIÈME PARTIE

LES CHEMINS DE FER APRÈS LA CONCENTRATION ET PENDANT LA GUERRE. — LEUR ROLE. — LEUR MATÉRIEL. — LEUR PERSONNEL.

§ 26. — CADRE DE LA DEUXIÈME PARTIE.

Le rôle des chemins de fer à la guerre, les travaux que l'on aura à exécuter sur les lignes, le personnel qu'il convient d'employer, constituent trois questions tellement connexes, que l'on ne peut en résoudre une sans engager en partie les deux autres.

Je vais cependant essayer de les examiner séparément, dans cet ordre, et en indiquant dès maintenant les conclusions auxquelles je désire arriver et qui sont les suivantes :

1° Le ravitaillement par voitures, qui a été dans ces derniers temps une règle générale, deviendra une exception pour les grandes armées, qui tendront davantage à faire un usage plus complet des chemins de fer;

2° Les obstacles que l'ennemi opposera à ce moyen puissant de transport augmenteront de plus en plus d'importance, et nécessiteront l'emploi d'un matériel de guerre pour la prompte réparation des ponts;

3° Pour que les chemins de fer remplissent bien leur rôle, il faudra que l'exploitation soit faite par le personnel civil actuel qui possède l'expérience voulue, et que les travaux soient confiés à un personnel militaire, qui seul comprendra les besoins de l'armée et étudiera les moyens les plus rapides pour les satisfaire.

§ 27. — ROLES DES CHEMINS DE FER DANS LES GUERRES FUTURES.

Le premier, et, pour ainsi dire, le seul rôle des chemins de fer pendant la guerre, c'est le ravitaillement.

Une note spéciale, placée à la fin de ce travail, contient tous les calculs et documents qui établissent la supériorité des chemins de fer sur les convois de voitures pour les transports de guerre; on y prouve qu'une armée de 100,000 hommes et de 20,000 chevaux peut être ravitaillée avec deux trains en moyenne par jour (sauf le cas des siéges), alors qu'il faut, pour satisfaire les mêmes besoins, une série de convois de voitures de 3 kilom. de longueur.

La comparaison entre ces deux systèmes fait ressortir l'économie du premier, sa souplesse à se prêter aux ordres et contre-ordres, la rapidité qu'il donne pour l'exécution, puis les dangers que présente le second, l'encombrement qu'il produit sur les routes, le gaspillage qu'il entraîne, les pertes auxquelles il expose l'armée.

A tous les points de vue précédents, les wagons ont donc un

avantage énorme et incontestable sur les voitures, et qui doit suffire à les faire adopter, si en même temps on peut démontrer que ces procédés exigent tous deux, et dans la même mesure, que les mouvements de l'armée leur soient en partie subordonnés pour permettre à leur action d'être plus complète. Or, voici ce qui se passe avec les voitures :

Dans l'offensive, les convois arrivent trop tard, parce qu'ils ne peuvent pas suivre l'armée, ni se prêter à ses changements de direction. Pendant la retraite, ils tombent presque toujours entre les mains de l'ennemi, mais après avoir retardé le mouvement, l'avoir troublé profondément, et souvent après l'avoir changé en déroute. Il résulte de tout cela que l'armée est souvent obligée de retarder sa marche, de la dévier, ou de revenir sur ses pas pour refaire ses approvisionnements. Dans la crainte de ne pas être suivi par le convoi, quand on veut faire une pointe en avant, on met quatre jours de vivres sur le dos des hommes. Dans la crainte de le perdre, on livre une série de combats qui n'ont d'autre but que de le protéger, souvent dans une position désavantageuse, sans qu'un autre résultat sérieux soit à espérer, et toujours au détriment de la rapidité de la retraite. Quelquefois, ou l'on renonce à peu près complétement à un système si défectueux et si impuissant, et alors on use son temps et l'on disperse ses forces, pour fourrager à quelque distance afin de vivre sur le pays, au lieu de réunir tous les corps disponibles pour entreprendre en commun une action décisive.

On peut donc dire avec juste raison que ce n'est pas le convoi qui suit l'armée, mais bien l'armée qui conforme ses mouvements à celui du convoi, et l'on doit reconnaître que si ce procédé de ravitaillement est actuellement dans nos mœurs militaires, il est loin de répondre à nos besoins de mobilité. On l'accepte pourtant, non pas sans murmurer, mais en accusant le service de l'intendance qui n'en peut mais, au lieu de s'en prendre au système qui est seul responsable.

Qu'exigerait-on de plus pour se servir des chemins de fer ? Quand la voie sera libre, les trains marcheront toujours aussi vite que l'on voudra et n'embarrasseront jamais les retraites; quand la voie sera coupée, il faudra peut-être faire les étapes plus courtes, continuer la marche avec quatre jours de vivres sur le dos, pour attendre la réparation, ou vivre sur le pays comme précédemment; mais, en dehors de ces inconvénients qui sont les mêmes dans les deux cas, tous les avantages que nous avons signalés subsistent.

Craint-on que l'armée soit obligée d'abandonner momentanément les lignes de chemins de fer? Mais le réseau se complète si rapidement en Europe, que l'on ne sera jamais longtemps sans retrouver un embranchement voisin.

D'ailleurs les lignes d'invasion suivront toujours les grandes lignes de chemins de fer, qui circulent le long des vallées, traversent les cols les plus bas, parcourent les pays les plus productifs, et relient les centres les plus importants.

Craint-on que les chaînes de montagne et les grands fleuves ne créent des obstacles insurmontables? Mais on a entrepris parfois d'énormes travaux pour faire passer les voitures quand même, et l'on peut bien admettre que l'on fera des efforts analogues, plus considérables s'il le faut, pour prolonger au delà les voies ferrées. Cette nécessité se fera d'autant mieux sentir désormais, que l'on ne pourra plus porter la guerre sur le territoire ennemi sans disposer d'une armée bien plus nombreuse qu'autrefois, et que la guerre de siéges qui paraît inévitable exigera dans l'avenir d'énormes transports. De l'autre côté de l'obstacle, on ne trouvera pas toujours, comme cela s'est présenté dans certains cas, un peuple allié chez lequel on puisse prendre une nouvelle base d'opération, et constituer un centre de ravitaillement. D'ailleurs les armées vont s'habituer à faire un usage de plus en plus complet des chemins de fer, et il serait imprudent d'entreprendre une campagne si défavorable, avec une mauvaise ligne de communication, contre un ennemi nombreux et beaucoup mieux servi. Dans la guerre franco-allemande, l'ennemi n'avait pas à redouter tous les dangers auxquels il pourrait être exposé dans l'avenir, et cependant on entend dire partout que si l'on avait coupé le tunnel de Saverne, la guerre eût changé de face.

C'est qu'en effet l'armée allemande n'était pas en mesure de déboucher promptement un tunnel, ni d'organiser de puissants moyens de traction par-dessus la montagne, et qu'elle aurait été privée d'une grande partie de ses moyens d'action.

En partant des mêmes principes, que se passerait-il si l'on était arrêté par un grand fleuve dont tous les ponts seraient coupés? On pourrait sans doute organiser promptement des ponts de bateaux capables de livrer passage à l'armée entière ; mais l'existence de ces ponts est précaire, le passage est lent, et on n'exposerait pas des troupes nombreuses à livrer bataille sur l'autre rive dans ces conditions.

Dans les opérations autour de Metz on trouve, d'une part, que l'armée française avait raison de compter plutôt sur les ponts fixes que sur les ponts de bateaux ; et d'autre part, que l'armée allemande était exposée à un grand désastre, malgré ses nombreux équipages, si on l'avait rejetée sur la Moselle le lendemain de Gravelotte. Que serait-ce donc avec des armées plus considérables et un fleuve plus rapide et plus large?

Si une bataille n'est pas imminente et que l'armée veuille traverser, elle ne saurait aller bien loin, ni continuer une marche rapide avec des convois de voitures. Il en serait de même si l'on ne rétablissait que des ponts fixes avec une passerelle étroite et légère. Puisqu'il faut retarder sa marche ou attendre, il vaut donc mieux laisser l'obstacle entre soi et l'ennemi, ne passer que quand la réparation est sur le point d'être achevée, et consacrer toute son activité à rétablir solidement tous les ponts à la fois. Or, les ponts de chemins de fer seront souvent plus vite réparés que les autres, comme nous le verrons dans la suite, parce qu'on pourra y employer un matériel prêt d'avance et transportable à pied d'œuvre. Jusque-là, l'armée ne fera passer qu'une partie de ses forces pour poursuivre l'ennemi, ou pour occuper les points stratégiques en avant et protéger les travaux. Il faut donc bien admettre que l'art de la guerre sera obligé de se modifier pour utiliser plus complétement les voies ferrées. S'il veut se plier à la nouvelle méthode de ravitaillement, aussi facilement qu'à l'ancienne, les résultats les plus importants ne se feront pas attendre. Les mouvements offensifs seront plus sûrs et presque toujours plus rapides; les mouvements de retraite seront plus prompts et moins dangereux; et l'on pourra désormais concentrer d'aussi grandes masses que l'on voudra sans craindre de ne pouvoir les faire vivre.

Ce n'est pas à dire que l'emploi des chemins de fer sera exclusif. On emploiera certainement quelques voitures pour faire les distributions; on continuera peut-être à s'en servir pendant quelque temps pour de petites expéditions, pour des corps peu nombreux, et dans des pays très-accidentés; mais on a voulu prouver qu'en général là où les voitures seules suffisaient autrefois, il faudra maintenant faire circuler des wagons. Les travaux de réparation doivent donc être conduits assez promptement pour que, chaque jour, les communications par chemin de fer gagnent en avant tout le terrain parcouru par l'armée; et le but que l'on doit poursuivre est d'amener tous les soirs une nouvelle tête de station dans le camp.

§ 28. — EXAMEN DE L'EMPLOI DES CHEMINS DE FER PENDANT LA CAMPAGNE DE 1870-71.

On sera peut-être tenté d'opposer aux principes ci-dessus certains exemples tirés de la dernière campagne. Mais rien, dans cette brutale invasion, ne peut servir de précepte au point de vue de l'emploi tactique des chemins de fer, ni même, on peut le dire, au point de vue des règles de la stratégie. Les Allemands n'ont montré un véritable talent, en ce qui concerne ce sujet, que dans l'ordre et la rapidité avec lesquels ils ont su installer un service d'exploitation sur le territoire ennemi. Si l'on découvre, dans quelques-uns de leurs actes, le plus grand souci de la possession des voies ferrées, si on les voit entreprendre parfois d'énormes travaux pour rétablir ces voies, les moyens qu'ils ont employés dénotent un défaut complet de préparation. Il leur a donc fallu, le plus souvent, se passer des chemins de fer, et les circonstances toutes particulières de cette triste guerre leur ont permis de s'avancer continuellement sans se préoccuper de la méthode de ravitaillement.

Quelles étaient ces circonstances particulières ? La France, démoralisée par ses premiers échecs, et abattue par des revers sans précédent, avait dû abandonner sans défense une grande partie de son territoire. Les villes s'ouvraient d'elles-mêmes en livrant leurs magasins ; les paysans, cédant à un terrible système d'intimidation, se laissaient rançonner de toute manière ; les travaux de réparation entrepris sur les voies ferrées se continuaient tranquillement, souvent avec l'aide de nos ouvriers, et sans qu'aucun retour offensif ne vînt les contrarier.

Mais, si des partisans nombreux s'étaient dressés contre les envahisseurs, si nous avions eu une armée disponible sur leurs flancs, auraient-ils pu vivre sur le pays, envoyer des petits corps fourrager au loin, ou faire venir leurs vivres d'Allemagne avec des convois de voitures? Auraient-ils pu continuer quand même leur marche en avant, s'ils avaient été exposés à livrer une série de batailles et à épuiser leurs munitions sans pouvoir les renouveler? L'auraient-ils fait sans posséder à quelque distance en arrière une place forte qui pût leur servir de dépôt et assurer leur communication, sans même avoir les moyens d'attaquer sérieusement une forteresse? Seraient-ils arrivés jusque sous les murs de Paris s'ils n'avaient pas cru que la capitale allait se rendre à leur avant-garde? Que seraient-ils devenus si, alors que l'usage des chemins de fer leur était interdit, nous avions employé le réseau qui nous restait pour jeter à chaque instant sur leurs flancs, en des points indéterminés, des petits corps bien aguerris chargés de bouleverser leur communication et de détruire leurs convois ?

On ne peut donc pas baser une théorie sur des événements aussi défavorables d'une part, ni sur des actes aussi téméraires de l'autre. Dans une campagne où le succès serait plus débattu, il faudrait bien se garder d'agir de la sorte, et l'on ne pourrait conserver une ligne de communication aussi étendue qu'en possédant au moins une voie ferrée, et en assurant solidement sa conservation, par la prise de quelques places fortes et la construction de quelques ouvrages échelonnés le long de son parcours.

Si donc, à l'avenir, les invasions doivent être moins rapides que celle-là, il deviendra d'autant plus facile de faire avancer simultanément, et dans une juste mesure, l'armée et les travaux de rétablissement. Mais aussi plus ces travaux seront poussés activement, et plus vite on jouira du bénéfice immense d'une bonne communication par chemin de fer.

§ 29. — DESTRUCTIONS EN ARRIÈRE DES ARMÉES

Un des principes les plus importants de la stratégie, c'est que l'on doit toujours consacrer une partie de ses forces à la garde des communications en arrière.

Que l'on emploie des routes ou des voies ferrées, le principe est aussi absolu, et il ne peut varier que dans les applications que l'on en fera.

Or, parmi les opérations tournantes que l'ennemi peut entreprendre, celles qui consistent à agir avec de grandes forces, pour couper la retraite à l'armée en l'enveloppant, sont indépendantes du sujet actuel, et ce n'est pas le lieu de les traiter ici ; tandis que l'envoi de petits corps isolés, ayant pour but d'enlever un convoi, ou de détruire la ligne de communication sur quelques points, produira des résultats plus ou moins importants, suivant la nature du procédé de ravitaillement que l'on emploie, et exigera des précautions différentes dans les deux cas.

Les convois de chemins de fer seront certainement plus difficiles à enlever, à cause de leur mobilité ; mais les destructions auxquelles on peut se livrer sur cette ligne entraîneront avec elles des conséquences plus graves, et tenteront toujours un ennemi actif. Aussi, pendant la guerre de la Sécession, où l'on a fait un grand usage des chemins de fer, a-t-on vu le général Stuart, et plusieurs autres, exécuter les pointes les plus hardies avec de la cavalerie, pour bouleverser la voie et les ouvrages d'art. On aura donc désormais à se garder sérieusement contre ce genre d'entreprises, soit en augmentant les troupes qui sont échelonnées en arrière des armées, soit en organisant en permanence des convois mobiles de troupes en wagon, soit en occupant solidement les ouvrages les plus importants, et en s'éclairant dans tous les cas avec de la cavalerie. Grâce à ces nouvelles précautions, qui se rapportent plutôt à la ligne qu'au convoi, on pourra compter sur la sécurité du réseau rétabli en arrière des armées, et l'on n'aura plus à redouter que des obstacles rares et de peu d'importance, tels que le bouleversement de quelques rails, ou la rupture d'un petit pont mal gardé, travaux qui demandent presque autant de temps à détruire qu'à rétablir.

Ici se termine l'exposé des nombreux services que l'on peut attendre d'un bon usage des chemins de fer.

On trouvera peut-être que c'est devancer l'avenir que de leur assigner un rôle si complet, avant que l'Europe se soit couverte d'un réseau serré, avant que le matériel nécessaire ait été créé, avant que le personnel voulu ait été organisé et instruit. Mais toutes ces questions sont à l'étude actuellement chez les nations voisines, et nous ne pouvons tarder à nous en occuper sérieusement.

Il faut donc, dès le début, prévenir les demi-mesures qui conduiraient à une organisation imparfaite, qui entraîneraient à de fausses manœuvres et à des dépenses inutiles, et qui produiraient l'illusion de la sécurité alors que les préparatifs seraient incomplets.

D'ailleurs, si les opinions toutes personnelles et purement théoriques que je viens d'émettre rencontrent des contradicteurs, qu'ils veuillent bien considérer que leur réfutation n'infirme en rien les principes qui vont suivre. L'usage des chemins de fer sera plus ou moins complet : mais on ne saurait nier qu'il procurera toujours des avantages, qu'il sera indispensable dans certains cas, et que les travaux qui sont destinés à le permettre vont prendre une très-grande importance.

§ 30. — NATURE DES TRAVAUX QUE L'ON AURA A EXÉCUTER.

Voyons maintenant quels sont les obstacles les plus défavorables à l'emploi des chemins de fer, ceux que l'ennemi cherchera par conséquent à opposer à une invasion, et examinons quel sera le genre des travaux que l'on aura probablement à exécuter.

L'obstacle le plus grave que l'on puisse rencontrer sera sans contredit un tunnel important, sérieusement obstrué, dont on ne peut se passer, et qui ne peut être tourné par la construction d'une bonne voie dérivée.

Le front restreint sur lequel on peut entamer le déblai, et les moyens élémentaires dont l'armée a disposé jusqu'ici, rendraient inutile une tentative de ce genre. Comme des intérêts majeurs peuvent cependant commander le rétablissement du passage, il faudra, ou bien employer des dragues à vapeur puissantes pour déboucher le tunnel (1), ou bien construire une voie dérivée toute spéciale par la nature de ses rails et des moyens de traction (2), ou bien faire usage de machines de route : travaux qui exigent tous des préparatifs et un matériel.

Le premier de ces moyens paraît cependant être le seul qui doive amener des résultats sérieux, parce que les autres n'auraient qu'une valeur incomplète, si l'on ne pouvait faire passer de l'autre côté de la montagne le matériel nécessaire à une grande exploitation. L'obstruction d'une tranchée profonde donnerait lieu à la même discussion.

Dans ces deux cas, on comprend que les voies qui tournent l'obstacle conduiraient à la construction d'estacades et de ponts, lesquels peuvent se faire plus rapidement et plus solidement que des remblais. Ce seront encore presque toujours des ponts qui serviront à franchir les grands remblais et les voies en corniche qui auront été bouleversés.

Si l'ennemi s'est contenté de détruire la voie proprement dite sur un long parcours, de briser les rails, ou de replier le matériel, il n'a obtenu, au prix d'un travail pénible, qu'un résultat bien inférieur à celui que procure la rupture d'un grand ouvrage d'art, lequel oblige souvent à construire de toutes pièces une voie dérivée, et à faire le tracé, les déblais, les remblais, et une série de petits ouvrages d'art.

Enfin, si l'ennemi veut couper les ponts, ce n'est ni à ceux

(1) Engins comparables aux dragues Cumming.

(2) Système Fell, par exemple.

qui ont une faible portée, ni à ceux qui ont une faible hauteur qu'il s'attaquera ; la réparation des ponceaux et des estacades n'arrêterait pas assez longtemps une armée, comme nous le verrons, puisque, le plus souvent, elle pourrait encore recevoir ses trains de ravitaillement tous les jours, ou continuer sa marche avec quelques vivres d'avance.

La discussion suivante va démontrer d'ailleurs que ce sont les supports isolés qui exigeront le plus de temps pour la réparation des ponts, et que pour produire un véritable arrêt, il faudra couper les grands viaducs, détruire jusque dans leurs fondations les piles élevées, et créer de larges brèches.

Ce n'est que quand on sera pressé par le temps ou quand on tentera une opération hardie sur les communications de l'armée, comme on l'a dit plus haut, que l'on se bornera à couper les petits ponts soit en avant, soit en arrière; ce n'est qu'en l'absence de grands viaducs que l'ennemi ruinera peut-être, en avant, une série de petits ouvrages qui seront rapidement rétablis ou que l'on pourra éviter en suivant un autre embranchement (1); mais, comme il ne faut guère plus de temps pour détruire un petit pont qu'un grand, l'ennemi cherchera évidemment à produire, avec le même travail, le résultat le plus important, sans consommer des ruines inutiles.

Or, il suffit d'étudier les lignes étrangères pour voir à quels ponts nous aurions affaire si nous étions obligés de pénétrer dans ces pays. On y rencontre des viaducs dont les supports isolés ont 20 mètres, 40 mètres, 60 mètres de hauteur, et dont la destruction ouvrira des brèches énormes. Lors même que l'on ne considérerait ces obstacles que comme une éventualité, ce sont les problèmes les plus difficiles à résoudre, et ceux qui exigent surtout des préparatifs.

(1) L'absence d'ouvrages d'art importants dénote en effet un pays peu accidenté, et la présence d'un réseau plus serré.

§ 31. — COMPARAISON DES DIFFICULTÉS QUE PRÉSENTENT LE RÉTABLISSEMENT DES TABLIERS ET CELUI DES SUPPORTS.

Pour déterminer le procédé que l'on emploiera pour franchir ces grandes brèches, il est intéressant de rechercher si l'exécution d'une travée unique sera plus rapide que celle de travées indépendantes avec un ou plusieurs supports isolés.

Les supports isolés ont besoin, ou d'être encastrés à la base, ou de reposer sur un point d'appui solide et d'être retenus par des haubans à la partie supérieure. Dans les deux cas, si la destruction est sérieuse, il faudra réparer sous l'eau la maçonnerie ébranlée ou les charpentes brisées, ou bien exécuter les nouvelles fondations dont on a besoin en battant ou vissant des pilots. Il faudra installer un chantier flottant, employer les scaphandres afin d'éviter les batardeaux, faire des enrochements, de la maçonnerie hydraulique, etc., etc. Ces travaux, toujours longs en temps de paix, ne peuvent pas gagner beaucoup en rapidité à la guerre.

Quelle que soit l'activité que l'on déploie, on ne peut éviter les mesures de précaution indispensables contre les affouillements, les crues, les débâcles, ou le choc des corps flottants.

Les tabliers, au contraire, n'ont besoin d'aucun encastrement. Ils ne font que reposer sur des points d'appui solides, ou qui sont faciles à réparer (1).

Non-seulement les piles demandent un temps énorme pour préparer leurs fondations, mais il faut après cela édifier un support isolé d'une très-grande hauteur, capable de soutenir, sans fléchir dans aucun sens, la charge énorme d'une travée et du

(1) Si l'on mettait en place des poutres à travées solidaires, on sait qu'il y aurait grand intérêt à les rompre au-dessus des supports, parce que ceux-ci peuvent tasser ou fléchir dans des travaux en campagne.

train qu'elle peut recevoir, et ce n'est qu'alors que l'on peut s'occuper de mettre en place les deux travées. La construction de hauts supports en charpente, doués d'une telle résistance, présenterait tant de difficultés, qu'en l'absence d'un matériel spécial, il semblerait préférable d'employer la maçonnerie à prise rapide.

Nous verrons qu'au moyen d'un matériel de tabliers métalliques on pourra franchir rapidement des brèches assez considérables, et que la limite dans laquelle on devra se passer de rétablir des supports intermédiaires est très-étendue. Sans doute, il arrivera un moment où l'on sera obligé de recourir à ces derniers, et où il faudra étudier le matériel qui convient à ce genre de travaux; mais je me borne ici à réclamer l'adoption des tabliers métalliques, dont l'usage augmentera déjà dans des proportions énormes les moyens d'action de l'armée.

Ainsi donc, après avoir esquissé le rôle des chemins de fer à la guerre, après avoir examiné les obstacles que l'ennemi opposera à leur emploi, on a reconnu que le rétablissement des communications serait ramené le plus souvent à la construction de ponts, et que la solution de ce problème entraînerait forcément l'usage des tabliers de grande portée sans supports intermédiaires.

§ 32. — DESCRIPTION SOMMAIRE D'UN MATÉRIEL DE TABLIERS MÉTALLIQUES.

Sans entrer dans tous les détails relatifs au projet d'un matériel de tabliers métalliques, il suffira d'indiquer ici rapidement sa forme, son poids, l'usage qu'on peut en faire, les conditions qu'il doit remplir, et les engins nécessaires pour son transport et sa mise en place.

Il se composera de poutres droites à âme pleine en acier, formées de tôles et cornières rivées, en forme de I. Un nombre très-restreint de modèles différents servira à franchir toutes les brèches comprises entre 2 mètres et 60 mètres environ.

Chaque modèle comprendra des tronçons de différentes longueurs que l'on assemblera pour faire la longueur totale, soit au magasin de dépôt, soit en partie sur la rive de départ, en employant des rivets ou des boulons. Pour le transport, la plus grande longueur des tronçons doit permettre la circulation dans les courbes, et la plus grande hauteur doit passer sous le gabarit de chargement.

Des trucs spéciaux seront employés pour le transport du plus grand type dont la hauteur pourra atteindre 3m,50 et peut-être 4 mètres. Pour franchir avec ce modèle des portées supérieures à dix ou douze fois sa hauteur, on pourra former le tablier de plus de deux poutres ou armer chacune d'elles en dessous.

Le coefficient de sécurité qui servira au calcul de ces poutres sera le même que celui qui est employé dans l'industrie, car, si nos travaux n'ont qu'un caractère provisoire, il faut tenir compte des malfaçons et de la rapidité d'exécution.

Pour les petites portées, le poids sera si faible que l'opération du levage ne présentera aucune difficulté. Pour les grandes portées on pourra mettre en place un tablier de longueur L, en assemblant sur la rive de départ des tronçons sur une longueur de 2 L environ, y compris un avant-bec léger, et l'on poussera le tout en avant sur des chariots reposant sur une ou deux voies parallèles (1). Des verrins à déplacement horizontal termineront l'opération de la mise en place.

Le contreventement sera simple et rapide, et s'exécutera avec des pièces spéciales. Les sections militaires de chemins de fer ne rétabliront jamais qu'une seule voie, généralement sans trottoir. L'ouvrage pourra être amélioré par la suite, dès qu'il aura livré passage aux premiers trains.

(1) D'autres procédés encore plus simples et plus rapides, applicables à la guerre, sont à l'étude. On ne peut entrer ici dans les détails.

L'expérience démontrera si, pour les grandes portées, il est possible et avantageux de lever chaque poutre successivement, ou si l'on doit les réunir et les contreventer, en tout ou partie, avant de procéder au levage.

On peut estimer approximativement le poids d'un tablier de ce genre en admettant que l'acier est deux fois plus résistant que le fer et que par suite il pèsera moitié moins qu'un tablier en fer.

On sait, d'après les calculs de M. Collignon, et d'après ceux de M. Clarke, qu'un tablier en fer de 60 mètres de portée, pour une seule voie, non compris le poids de la voie, pèse 120 tonnes.

Le tablier d'acier pèsera donc à peu près 60 tonnes.

En supposant qu'on soit obligé de réunir les poutres avant le levage, et qu'on emploie un avant-bec léger d'une vingtaine de mètres, on aura à soulever au moment de la manœuvre un poids de 100 tonnes environ. Ce poids n'a rien d'exagéré.

Une locomotive qui pèse 50 tonnes environ est remise sur rails en huit ou dix heures en moyenne. Si l'on compare ce dernier travail à celui qu'exigerait le rétablissement d'un pont de matériel de 60 mètres, on est probablement au-dessus de la vérité en évaluant le temps voulu à cinq ou six jours. On pourra peut-être, dans certains cas de la marche en retraite, démonter quelques-uns de ces ponts et les emporter au lieu de les détruire.

§ 33. — RÉSISTANCE QUE DOIVENT AVOIR LES PONTS DE CHEMINS DE FER.

La nécessité d'un matériel métallique pour la réparation des ponts de chemins de fer en campagne ne peut être bien comprise, tant que l'expérience ne sera pas venue la confirmer, que si l'on commence par chasser de son esprit les différents types de ponts que l'armée a rétablis jusqu'ici pour le passage des colonnes de troupes. C'est ce souvenir qui empêche de voir la question sous son véritable jour. C'est parce que l'on se représente toujours ces petits échafaudages en planches et en poutrelles minces, attachés avec des cordes, supportés par des chevalets ou des perches à houblon, ces passerelles enfin, qui n'avaient à résister qu'à une surcharge accidentelle de 550 kil. par mètre courant, que l'on est encore tout disposé à conserver les procédés de circonstance pour les ponts de chemins de fer. Mais ce n'est plus à 550 kil. que l'on aura affaire : les ponts de chemins de fer à simple voie doivent supporter des surcharges accidentelles qui varient entre 8,000 kil. par mètre courant pour les petites portées, et 4,000 pour les plus grandes. Il faut en outre obtenir une grande rigidité et n'avoir que des flèches insensibles, sous peine de faire dérailler le train sous l'influence de l'ébranlement, ou de briser le tablier par suite de la force centrifuge.

C'est donc un problème tout nouveau, et qui diffère du précédent, soit par l'importance du chantier, le nombre et l'équarrissage des pièces, soit par les difficultés du levage, soit encore par la facilité moins grande que l'on a de choisir le point de passage de la rivière.

§ 34. — EXAMEN DES PROCÉDÉS DE RÉPARATION AUTRES QUE CELUI DES POUTRES MÉTALLIQUES.

Voyons donc quelles sont les raisons qui peuvent conduire à adopter un matériel de poutres métalliques, préférablement à d'autres procédés de réparation.

Les bacs et les ponts de bateaux exigeraient le transport d'un matériel énorme, et une organisation assez longue; ils ne produiraient qu'un service lent, défectueux et susceptible d'être interrompu. En outre, ils ne pourraient être employés que sur les fleuves peu encaissés, et l'on doit les réserver pour des cas extrêmes.

Les ponts suspendus proprement dits ne peuvent se construire que par pièces successives, et avec une grande précision ; la forme ou les dimensions de chaque pièce varient avec la portée, et l'amarrage est délicat.

Il n'est pas question, bien entendu, des câbles destinés à armer des poutres rigides, dont l'usage est si fréquent et si varié aux États-Unis, et dont l'emploi pourra rendre des services précieux.

Les ponts métalliques à grande maille des Américains ne sauraient convenir malgré leur simplicité, leur subdivision en courts tronçons, et leur légèreté un peu plus grande (pour de longues portées) que les poutres droites, parce qu'ils ne se prêtent pas au levage tout d'une pièce, et qu'on ne pourrait les mettre en place par tronçons successifs, sans pont de service. Mais on pourra peut-être leur emprunter le mode d'assemblage des tronçons avec deux chevilles.

Les ponts en arcs métalliques ou bowstrings, sans avoir tous les avantages du système précédent, en auraient les inconvénients.

Restent donc les ponts en charpente. Or, puisqu'on veut avoir de la rapidité et de la solidité, il faut éviter tout système compliqué qui commence par laisser à l'officier une certaine indécision sur le type à employer, qui exige ensuite le calcul des dimensions, qui nécessite des assemblages nombreux et précis, et par suite de très-bons ouvriers, ou qui oblige à forger des ferrures spéciales qui ne peuvent être préparées d'avance. Il importe que les intérêts de l'armée soient à l'abri d'une erreur de calcul qui peut toujours se produire dans un moment de précipitation, d'un défaut dans les assemblages, ou d'un choix mauvais relativement à la qualité et à la résistance des bois. On doit également éviter toute charpente qui est susceptible d'engendrer des pressions horizontales, circonstance dangereuse qui nécessite des précautions compliquées.

Pour toutes ces raisons on a dû éliminer les appareils compliqués, analogues aux fermes de comble, et il ne reste plus qu'à comparer le matériel d'acier aux deux systèmes qui subsistent encore : 1° les ponts américains en treillis de bois à la Howe ou à la Towne, qui conservent une certaine vogue actuellement, à cause de leur simplicité de coupe et de leur résistance pour de grandes travées; 2° les ponts formés de poutres superposées et reliées ensemble, qui sont recommandés pour les petites portées, par une circulaire ministérielle du mois d'août 1870.

§ 35. — COMPARAISON DES MEILLEURS PONTS EN CHARPENTE AVEC LE MATÉRIEL D'ACIER.

Si l'on veut adopter l'un de ces deux types comme pont de circonstance, on reconnaît vite qu'ils exigent (comme tous les ponts en charpente), soit d'énormes quantités de bois, soit des pièces de grande longueur et de fort équarrissage. Ira-t-on abattre ces bois en forêt, ou compte-t-on les trouver à souhait dans des magasins du voisinage? Ne faudra-t-il pas, après les avoir découverts (1), les amener à pied d'œuvre le plus souvent par terre ou par eau, puis les débiter, les assembler, etc., etc.? Ne faudra-t-il pas, malgré tout, avoir la précaution d'emporter avec soi un assortiment de très-gros boulons de divers modèles, qui constituent à eux seuls un matériel et une charge?

On voit donc que si l'on veut être prêt, si l'on ne suppose pas purement et simplement *qu'on se débrouillera*, on préparera ces ponts d'avance, et on les emportera tout faits et démontés pour

(1) Si le général Mac-Callum est arrivé à des résultats importants pendant la guerre de la Sécession, c'est qu'on rencontre en Amérique des forêts anciennes et nombreuses, qui contiennent des bois remarquables par leur résistance.

éviter les préparatifs ci-dessus qui demandent plus de temps que les besoins de l'armée ne le permettent.

Le principe d'un matériel est donc incontestable, et il ne s'agit plus que de choisir le meilleur. Or, pour les grandes portées, tandis qu'un tablier en acier de 60 mètres, pesant 60 tonnes, exigerait le levage d'un poids de 100 tonnes environ, et demanderait cinq à six jours pour son exécution complète, le même tablier en treillis de bois pèserait 320 tonnes (toujours d'après M. Collignon). Il exigerait incomparablement plus de temps pour l'assemblage de toutes ses pièces qu'il n'en faudrait pour river ou boulonner les longs tronçons de l'autre. Pour le mettre en place, la hauteur des poutres, qui ne peut guère être réduite, s'oppose au levage successif; et si l'on veut pousser d'une seule pièce une charpente qui pèsera 500 à 600 tonnes, on sort des limites de la pratique pour des travaux de campagne. On se verrait donc obligé, pour les grandes portées, ou bien de partager la travée par des supports isolés, procédé qui a été condamné plus haut; ou bien de supposer que les poutres seront construites sur place, ce qui exige de nombreux points d'appui intermédiaires, ou l'établissement d'un pont de service. Or, pas plus que l'autre, ce moyen auxiliaire n'est admissible quand on est pressé par le temps, et surtout quand le tablier est très-élevé au-dessus du thalweg.

Admettons même que pour cette portée de 60 mètres, on ait affaire à un pont beaucoup plus bas, et que, sans vouloir fonder des piles définitives, on puisse assez facilement prendre quelques points d'appui intermédiaires pour la construction. Ces points d'appui faciliteront tellement le levage du pont d'acier qu'on aurait plus vite terminé avec ce procédé qu'avec des poutres américaines construites sur place au moyen d'un pont de service.

Des expériences comparatives feraient voir probablement qu'une brèche de 60 mètres serait plus vite franchie avec des poutres métalliques qu'une brèche de 20 mètres avec des poutres en treillis de bois préparées d'avance. Si l'on diminue ces nombres pour arriver aux plus petites portées, on rencontre encore la même supériorité.

§ 36. — UN MATÉRIEL SERA-T-IL NÉCESSAIRE POUR LES PETITES PORTÉES ?

Mais on peut se demander s'il n'y a pas une limite inférieure au-dessous de laquelle on puisse adopter les procédés de circonstance. Or, voici un tableau qui permet de comparer, pour une portée de 8 mètres, le matériel métallique avec les deux meilleurs systèmes de charpente de circonstance.

TABLEAU COMPARATIF DES PONTS DE 8 MÈTRES DE PORTÉE

SYSTÈMES de poutres employés	CUBE de bois nécessaire	POIDS du tablier	POIDS à lever	Temps approximatif pour : La recherche des bois et leur préparation	Temps approximatif pour : Le montage, le levage et le contreventement	Temps approximatif pour : L'OPÉRATION TOTALE	HAUTEUR DE LA POUTRE
Matériel d'acier....	»	3000k	1200k Chaque poutre isolément	»	6 h. Pas de montage	6 h.	0m 60
Pièces de bois superposées et reliées	8m³500	7000k	2 poutres réunies. Il faut un échafaudage	2 ou 3 jours	2 jours	4 à 5 jours	1m 00
Poutres américaines en bois..........	9m³846	8000k	2140k Chaque poutre isolément	5 jours	3 jours	8 jours	1m 40

Voici quelques observations sur ce tableau. Le matériel d'acier se compose de deux poutres en I faciles à mettre en place successivement. Leur poids de 1,200 kil. est si léger que l'on pourrait à la rigueur les transporter en voiture, de manière à réparer simultanément toute une série de petits ponts. On ne pourrait pas avec le même avantage employer les fers à I du commerce que l'on supposerait devoir trouver dans les environs, car on perdrait du temps à les chercher et à les amener, et ils seraient plus lourds. On n'a pas compté dans le tableau le temps voulu pour faire venir ce matériel, car on peut admettre que les sections militaires auront toujours sous la main un assortiment de ces ponts légers.

Le pont à pièces de bois superposées, tel qu'il est décrit dans la circulaire, est organisé de façon que les poutres et le contreventement forment corps ensemble et ne peuvent être séparés pour le levage. Aussi, au lieu de supposer qu'on lèvera un poids de 7,000 kil., opération qui n'est pas en rapport avec l'importance du but, on a admis qu'il ne pouvait être construit que sur place avec un échafaudage, ce qui occasionne une perte de temps. Il oblige à trouver au moins six pièces de bois de $8^m,50$ de longueur et de $0^m,32$ - $0^m,25$, sans compter les autres. Le montage se fait en place, mais il faut avoir avec soi 32 boulons de $1^m,50$ et de $0^m,03$, et 32 boulons plus petits (1). Enfin, le pont en treillis de bois, que j'ai vu construire, a pu être mis en place par poutres successives, mais il a fallu beaucoup de temps pour le sciage, le montage et le levage. On y a employé des pièces de bois de $0^m,30$ d'équarrissage (refendues), faisant toute la portée, et 272 kil. de boulons.

Pour achever la comparaison, il faut tenir compte de la hauteur de la poutre, élément qu'il est utile de réduire si l'on veut que la voie passe par dessus, ce qui est plus simple,

(1) Le perçage des trous est d'une lenteur incroyable.

et si l'on veut simplifier le travail de préparation de la brèche.

Il ne reste plus maintenant qu'à prévenir quelques objections auxquelles je désire répondre d'avance.

§ 37. — LE MATÉRIEL POURRA-T-IL TOUJOURS ARRIVER?

Puisque le matériel métallique est absolument indispensable pour les grandes portées, et qu'il est encore nécessaire pour les plus petites, puisqu'il conserve une grande supériorité sur tous les autres procédés, on peut se demander s'il est toujours possible d'espérer que l'on pourra l'amener à pied d'œuvre. Aucun doute ne peut s'élever sur l'importance des moyens de transport dont les sections militaires de chemins de fer peuvent user. Leur présence constante et obligée sur une voie ferrée, en dehors de laquelle elles n'ont aucun chantier à organiser, leur permet d'employer tout le matériel dont elles peuvent avoir besoin; et si elles sont seules dans l'armée à jouir de ce bénéfice considérable, elles en jouissent pleinement. Le rétablissement d'un pont de 60 mètres d'une seule portée, qui peut déjà être considéré comme une œuvre importante, n'exigera pas plus de deux trains.

Le plus petit train, sur une ligne de deuxième ordre, pourrait contenir cinq ponts de 8 mètres de portée (1).

La circulation des trains de matériel n'apportera donc pas une grande gène à l'exploitation.

On a vu plus haut que, dans une campagne sagement conduite, on pouvait compter sur la sécurité des communications, et qu'aucune destruction importante n'était à craindre en arrière des armées.

(1) Voir la note à la fin.

Quoi qu'il en soit, partout où l'on rencontrera un obstacle, on réparera la voie; si les ponts sont importants, ils exigent l'emploi du matériel. Si l'on n'a affaire qu'à des ponceaux, le matériel sera nécessaire pour les réparer successivement avec une grande rapidité; et s'il est avantageux de les entreprendre tous à la fois, ce matériel sera plus facilement transporté par voitures et plus vite mis en place, à cause de sa légèreté, que les poutres en bois.

§ 38. — PRIX APPROXIMATIF D'UN MATÉRIEL MÉTALLIQUE.

Enfin on peut s'inquiéter de la dépense qu'exigerait un approvisionnement convenable de poutres en acier de divers modèles, avec les pièces accessoires et les engins auxiliaires.

Cette dépense peut être calculée approximativement de la façon suivante :

Entre des tabliers de 60 mètres qui pèsent moins de 60 tonnes (si on les arme en dessous), et des tabliers de 8 mètres qui pèsent 3 tonnes, on peut admettre que les tabliers pèseront en moyenne 20 tonnes pour 30 mètres, soit $\frac{2}{3}$ de tonne par mètre courant.

Le chemin de fer de ceinture a payé, dans le temps, ses ponts en tôle de fer au prix de 45 centimes le kil., mis en place. L'acier coûtant deux fois plus cher que le fer, dès que les prix actuels seront améliorés, on peut espérer que la tonne de tabliers en acier reviendra à 1,000 francs environ, rendue en magasin (et non mise en place).

Le mètre courant du tablier de matériel sera donc payé 666 francs. Si l'on suppose un approvisionnement, au début de la guerre, de 2,000 mètres de tabliers de divers modèles, y compris les pièces accessoires, ce matériel représente une valeur de

1,332,000 francs. En mettant 2 millions pour comprendre les engins spéciaux de transport, de levage et d'amarrage, on est au-dessus de la vérité.

On ne peut chercher à éviter cette dépense immédiate, si minime en présence du résultat qu'on peut en attendre, qu'en la rejetant à une époque trop tardive, et qui sera bien plus troublée au point de vue financier.

Il faudrait, malgré tout, payer les ponts de circonstance que l'on voudrait entreprendre pendant la campagne, ou faire construire, au début des opérations, une partie du matériel reconnu indispensable, mais à des prix plus élevés qu'en temps de paix. L'aurait-on assez tôt, si l'on n'avait fait d'autres préparatifs que d'étudier les projets dans tous leurs détails ?

D'ailleurs, les dernières campagnes sont là pour nous dire comment on a opéré jusqu'ici. On n'a obtenu un résultat de quelque valeur que quand on a su préparer d'avance les ponts que l'on supposait devoir être détruits.

Faudra-t-il donc, au prix d'une dépense supérieure à celle que l'on demande, préparer le double de tous les ponts qui existent dans le rayon des opérations, chacun d'eux ne pouvant convenir pour réparer un autre, et cela au dernier moment, quand on manque d'ouvriers et de matériaux ?

L'État laissera-t-il encore les grandes compagnies se charger de ce soin considéré comme un fait secondaire ?

Telles sont les questions qu'on est en droit de se poser quand on songe à l'avenir, quand on a appris par une défaite sanglante combien il en coûte pour ne pas se préparer à la guerre, et pour ne pas savoir faire à temps un sacrifice d'argent nécessaire, quand on considère enfin que la guerre est d'autant moins à craindre que l'on est plus fort et mieux en mesure de l'entreprendre avec avantage.

Au point de vue de l'instruction des sections militaires de chemins de fer qui seront chargées de réparer les ponts, l'adoption d'un matériel métallique diminuera les dépenses, puisqu'elles pourront sans grands frais s'exercer à la manœuvre, tandis que si, par imprévoyance, on continue à se fier aux procédés de circonstance, il faudra chaque année leur donner le bois et les ferrures nécessaires pour construire quelques-uns de ces types.

Si je n'ai décrit avec quelques détails que le matériel de tabliers métalliques que nous allons être obligés de créer promptement, c'est qu'il paraît devoir, à lui seul, aplanir déjà bien des obstacles, et qu'il répond aux besoins les plus impérieux et les plus immédiats. Mais je ne puis éviter de faire une rapide énumération de tout ce que devront contenir, dans un avenir prochain, les arsenaux ou magasins militaires des chemins de fer, lorsque l'emploi des voies ferrées en campagne se sera généralisé, et que l'art de la guerre, en se mariant avec lui, y aura puisé une nouvelle force.

§ 39. — ARSENAUX MILITAIRES DES CHEMINS DE FER.

L'armée a des besoins tout différents de ceux de l'industrie. Ce qui satisfait l'une ne peut convenir à l'autre, et si les grandes compagnies ont répondu jusqu'ici aux exigences de l'armée en acceptant de prendre à leur charge, contre remboursement bien entendu, les installations et le matériel peu considérables que nous leur avons demandés, elles ne sauraient nous suivre dans une transformation plus radicale de leurs moyens d'action, ni entreprendre la préparation d'un matériel si important et si différent du leur. L'État, de son côté, ne peut avoir une véritable sécurité que s'il possède désormais dans des magasins spéciaux tout ce dont il aura besoin pour compléter, à son point de vue, les ressources industrielles que les chemins de fer peuvent mettre à sa disposition dans leur état actuel. Ces arsenaux contiendraient donc :

1° Le matériel mobile d'embarquement et de débarquement dont on a parlé plus haut, plus celui qui concerne l'installation intérieure des wagons pour le transport des hommes et des chevaux ;

2° Un matériel de tabliers d'acier de différents modèles avec les pièces accessoires, quelques trucs ou chariots spéciaux pour le transport par chemin de fer, des engins de levage et tout ce qui servira à réparer rapidement les maçonneries des brèches avec des mortiers à prise rapide ;

3° Pour des brèches plus importantes, il faudra recourir à un matériel de piles métalliques pour les supports, de pilots ou pilots à vis pour les fondations, ou à des ponts de bateaux et à des machines fixes qui permettent de descendre et de remonter les rives ;

4° Pour la traversée des montagnes, il faudra des dragues à vapeur puissantes pour déboucher les tunnels et les remblais profonds ;

5° La construction rapide de voies dérivées, soit pour tourner les tunnels, soit pour faire le siége des forts d'arrêt, soit pour éviter une place forte, sera facilitée par l'emploi de rails spéciaux (1) qui permettent de réduire considérablement le rayon des courbes ;

6° La réorganisation des gares en pays ennemi nous obligera à posséder entre autres choses un matériel pour les prises d'eau ;

7° Dans la guerre de siége, on arrivera à employer des canons tellement lourds, et leur nombre exigera tant de projectiles, qu'il faudra faire pénétrer les voies ferrées jusqu'auprès des batteries pour les armer et les servir. Cette circulation à travers

(1) Rails Laignel, par exemple.

des tranchées d'un tracé bizarre demandera un matériel tout particulier de rails et de plaques tournantes, qui devra être aussi léger que possible, et dont la pose et la réparation devront être rapides (1).

8° Enfin, pour doter l'armée de moyens puissants de destruction, sans compter les poudres explosives qu'elle possède déjà, il faudra, pour employer ces matières, des instruments de forage pour les maçonneries et tout l'attirail nécessaire pour s'échafauder rapidement sous un tablier, ou pour porter les charges sous l'eau.

Tels sont, avec l'outillage des troupes spéciales, tous les moyens d'action dont il faudra peu à peu doter l'armée.

Ici se termine ce qui est relatif au matériel, et nous allons examiner maintenant les questions qui concernent le personnel.

§ 40. — ATTRIBUTIONS DU PERSONNEL CIVIL ET DU PERSONNEL MILITAIRE.

Il est évident que l'exploitation en pays ennemi ne peut être bien conduite que par un personnel civil mobilisé qui sera fourni par les grandes compagnies. Ce n'est que là que l'on trouvera les agents nombreux et expérimentés que ce service réclame. L'essai qui en a été fait par les Allemands a pleinement justifié ce principe, et la chose paraît jugée actuellement.

Ce n'est pas à dire que les sections militaires de chemins de

(1) L'Angleterre a déjà étudié et construit un matériel pour les chemins de fer de tranchées. On sait, en outre, qu'elle entreprend en ce moment sur la côte d'Afrique un chemin de fer qui reliera la mer à Coumassie pour aider le corps expéditionnaire qui agit contre les Ashantees.

fer n'auront jamais à former ou à conduire un train, mais ces cas sont peu nombreux et ne se rencontreront que lorsqu'un danger grave, menaçant le personnel, engagera les militaires en activité de service à se substituer à lui ; ou bien, quand il faudra parer à l'éventualité improbable d'une panique des agents civils.

Quant aux travaux, ils reviennent de droit à un personnel militaire spécial, qui aura pour mission de détruire ou de réparer la voie et les ouvrages d'art dans le rayon des armées. Les réparations seront dirigées dans le but unique de faire passer le plus rapidement possible les premiers trains. Si, après avoir obtenu ce résultat, d'autres travaux se présentent en avant, les sections militaires poursuivront leur œuvre principale, en laissant au personnel civil, qui installe l'exploitation derrière eux, le soin d'améliorer ces travaux, de les consolider, de les entretenir, de les modifier au besoin.

Telle est la définition la plus nette que l'on puisse trouver pour les rôles qu'ont à jouer chacun de ces corps, dont les relations seront si intimes et qui auront tant besoin de se prêter un mutuel appui.

§ 41. — NÉCESSITÉ D'UN PERSONNEL MILITAIRE POUR LES TRAVAUX.

Mais il est nécessaire d'ajouter quelques mots pour détruire l'idée trop populaire qui consiste à attribuer aux ingénieurs civils une supériorité universelle sur les ingénieurs militaires, et à l'étendre jusqu'aux travaux de la guerre.

Cette supériorité des premiers existe sans doute en ce qui concerne les travaux en temps de paix, puisqu'ils peuvent diriger toutes leurs études dans ce sens, tandis que les militaires doivent diviser leur temps sur beaucoup d'autres questions. Elle existe à cause de l'expérience qu'ils acquièrent et à cause du sentiment plus juste dont ils s'imprègnent au point de vue de l'économie, de la durée, de l'élégance, de la décoration, toutes choses que l'industrie réclame. Elle existe encore en raison de la libéralité plus grande avec laquelle les fonds leur sont souvent accordés, et surtout à cause des agents expérimentés qui les secondent et des ouvriers accomplis dont ils disposent.

Nous n'avons pas tout cela, mais les travaux en campagne exigent une autre chose qui est indispensable, et qui ne peut s'acquérir qu'à la guerre : c'est le sentiment parfait des besoins et des exigences d'une armée. Ces besoins demandent l'emploi de méthodes toutes différentes, soit pour obtenir la rapidité qui est le but le plus important, soit à cause de la nécessité d'employer et les hommes dont on dispose et les outils et engins qu'il est possible d'emporter.

Il faut donc, pour déterminer ces méthodes, se livrer à des études tout à fait spéciales qui ne peuvent être d'aucun profit en temps ordinaire, et les ingénieurs militaires, qui seuls sont intéressés à cette recherche, seront plus capables, tout en s'inspirant des progrès de l'industrie, d'arrêter à un moment donné, par une prompte décision, le projet qui tiendra le meilleur compte des nécessités et des circonstances.

Le sentiment industriel que possèdent si bien les ingénieurs civils, et qui est si précieux en temps de paix, deviendrait un défaut à la guerre, puisqu'il les conduirait malgré eux, et par l'entraînement de leur profession, à ménager les principes dont on vient de parler, et qui, le plus souvent, nuiraient aux intérêts impérieux de l'armée.

L'argent n'est plus une question en temps de guerre, et nous n'en manquerons pas. Quant aux ouvriers qu'il conviendrait d'employer, s'il est possible de les entraîner à la suite des armées, ce n'est qu'à force d'argent, et peu leur importe la main qui les payera. Mais un ouvrier d'art n'est expert qu'à un certain âge, alors qu'il a satisfait depuis longtemps à la loi militaire ; des intérêts de famille et de position le retiennent chez lui, et il ne viendra pas.

On ne pourra donc employer que de jeunes ouvriers, présents sous les drapeaux, et pour lesquels un ingénieur militaire saura mieux trouver les méthodes pratiques et rapides.

Ajoutons qu'il manquerait peut-être aux ingénieurs civils l'habitude d'un commandement énergique, celle d'une soumission absolue aux ordres supérieurs, et le sang-froid nécessaire, dans le voisinage de l'ennemi, pour maintenir leurs ouvriers sur le chantier. Le général en chef préférera toujours à ce personnel un corps militaire bien discipliné, souple à toutes ses volontés, et qui prendra part à la défense de ses travaux.

Dans tout ceci on a surtout considéré le cas où les ponts seraient réparés par des procédés de circonstance, les seuls où l'art intervienne. Mais si, comme on l'a vu plus haut, ce n'est qu'à un matériel de guerre qu'il faille demander la solution de la question, la cause est encore bien mieux jugée.

L'industrie nous aidera sans doute à projeter ce matériel, et elle sera chargée de son exécution. Ce sont là des travaux du temps de paix et pour lesquels nous n'aurons qu'à fournir le cahier des charges et des conditions qu'ils doivent remplir. Mais, dès que les premiers échantillons auront été livrés, il restera à les éprouver, à les expérimenter, à les modifier au besoin ; et lorsque les types définitifs auront été arrêtés, nos troupes, pouvant s'exercer chaque année à leur manœuvre, arriveront à une telle rapidité d'exécution et à un ensemble si parfait, malgré l'infériorité des ouvriers, qu'un personnel civil choisi ne pourrait lutter avec eux.

§ 42. — ORGANISATION DES SECTIONS MILITAIRES DE CHEMINS DE FER.

Examinons maintenant quelle est l'organisation qu'il faut donner à ces troupes spéciales pour leur permettre de remplir convenablement le rôle qui vient de leur être assigné : en d'autres termes, quel sera leur nombre, leur groupement, leur recrutement, et quelle doit être leur méthode d'instruction ?

L'accroissement successif du personnel employé par le général Mac-Callum pendant la guerre de la Sécession démontre tout le prix que l'on a attaché, en Amérique, aux services des divisions militaires de chemins de fer. On peut également faire remarquer que, d'après ce général, ces services n'ont été réellement sérieux que lorsque l'unité et la cohésion de ce personnel ont été obtenues et que son instruction technique a été suffisamment développée. C'est après avoir reconnu la nécessité de cette préparation, que l'Allemagne a jugé utile de créer des troupes spéciales pour cet objet, et l'importance de leur rôle pendant les dernières campagnes l'a décidée à en augmenter encore le nombre.

En France, on a déjà tenté un essai dans ce genre, mais sur des bases trop étroites pour que l'on ait pu en attendre des résultats sérieux. La question paraît être à l'ordre du jour actuellement, et le moment est propice pour exposer un plan d'organisation. D'après ce qui a été dit précédemment, l'usage des chemins de fer à la guerre tendant à se généraliser, et devant répondre à des besoins nouveaux, il importe de constituer fortement ces troupes et de les doter d'une instruction solide et spéciale.

Si l'on doit, avec raison, hésiter à créer des troupes pour

remplir une mission unique qui n'exige leurs services que dans des cas rares et qui les laisse sans utilité pendant la plus grande partie de la campagne, cela ne peut s'appliquer aux troupes dont nous parlons, qui, toujours en tête de l'armée, et réparties sur les lignes qui traversent le front, auront, à chaque pas en avant, à réparer la voie et les ouvrages d'art, à chaque pas en arrière, à les détruire. Ces troupes doivent évidemment faire partie de l'arme du génie à qui appartient, entre autres choses, tout ce qui concerne les communications des armées ; mais leurs travaux spéciaux en campagne suffiront à les occuper continuellement, même en temps de siége, et l'on ne voit pas la nécessité d'étendre leur instruction en dehors des questions de chemins de fer. Elles doivent donc former des groupes complétement isolés des sapeurs, mineurs et pontonniers (1). On doit également les séparer des sections de télégraphe auxquelles il a été question de les réunir. Pourquoi associer en temps de paix et placer sous le même commandement en temps de guerre deux corps qui n'ont rien de commun au point de vue du recrutement ou de l'instruction et que le service en campagne divisera forcément (2) ?

Voici donc, pour les troupes spéciales de chemins de fer, une organisation qui répond au programme que l'on a tracé. La compagnie ou l'unité pourrait s'appeler : *Section militaire de chemins de fer* (pour éviter une confusion fréquente de mots),

(1) D'ailleurs, ce que l'on dit des troupes ne s'applique pas complétement aux officiers pris isolément, puisque l'on cherche à donner à ces derniers les connaissances les plus étendues, afin qu'ils puissent d'autant mieux remplir une fonction déterminée, ce qui n'empêche pas que l'on doive cependant encourager ceux qui tendent à se livrer à des études spéciales pour faire progresser une branche de l'art.

(2) Il paraîtrait plus utile de réunir les sections du télégraphe à la cavalerie, dont le service est plus intimement lié à celui de l'état-major général. La cavalerie se servirait de cet auxiliaire pour transmettre les renseignements qu'elle a recueillis, ou les ordres qu'elle ne peut porter assez promptement à cheval.

et comprendrait environ 200 hommes sur le pied de paix, et 300 sur le pied de guerre. Ces sections seraient réunies, par six, en un ou plusieurs bataillons assez importants, pour qu'on pût leur donner un matériel convenable, mettre à leur disposition un terrain étendu, et grouper les nombreux moyens d'instruction nécessaires aux officiers et aux hommes.

Pour le recrutement, on peut s'attendre à ne recevoir de l'administration des chemins de fer, à l'âge de vingt ans, que des jeunes gens inhabiles et trop spécialisés pour rendre des services de nature différente, en dehors de l'exploitation (qui n'est qu'un accessoire pour ces troupes). On doit donc préférer de bons ouvriers d'art à qui l'on apprendra rapidement la pose de la voie et qui seront fort utiles pour les autres travaux. Les poseurs de voie que l'on recevrait des compagnies devraient recommencer leur instruction pour s'exercer à des méthodes toutes nouvelles et n'auraient en dehors de cela que la valeur de simples terrassiers. La plupart des élèves chauffeurs qui ne font que débuter ne vaudraient pas les élèves des Arts et métiers qui ont déjà pour eux l'enseignement théorique, et que l'on peut détacher complétement sur la voie au bout d'un an.

Ce n'est qu'avec ces derniers, ou en mettant quelques officiers à même de s'exercer, que l'on arrivera à posséder, dans les sections militaires, des mécaniciens capables de conduire quelques trains. D'ailleurs les bons mécaniciens des compagnies n'hésiteront jamais à nous suivre, quel que soit le danger qui les menace; car leur audace est telle que les agents supérieurs des chemins de fer sont constamment obligés de la modérer.

En dehors des détachements permanents dont on vient de parler pour les élèves mécaniciens des Arts et métiers, il n'y aurait que des détachements temporaires pour quelques sous-officiers, caporaux, ou ouvriers choisis par les capitaines commandant, pour leur permettre d'étudier une branche de l'exploitation, et d'acquérir en six mois au plus un brevet d'aiguilleur, de serre-frein, de conducteur, de surveillant, etc., etc.

L'instruction doit commencer par celle des officiers, et il y a lieu de la préparer dès maintenant en organisant des missions temporaires sur les lignes (1). L'expérience a déjà prouvé que les officiers adoptent avec ardeur ce moyen d'instruction, qu'ils s'exercent à conduire les machines, à transmettre les dépêches, et qu'en se familiarisant avec les divers services de l'exploitation, ils apprennent à connaître les conditions auxquelles doivent répondre la voie, les gares et les ouvrages d'art (2). Les reconnaissances des officiers sont indispensables pour appeler leur attention sur tous les détails pratiques des travaux de destruction ou de réparation d'un ouvrage, sur les difficultés qu'ils doivent rencontrer, sur les moyens dont ils disposeront, et sur les résultats qu'ils peuvent espérer.

Quant aux troupes, leur instruction doit être exclusivement donnée sur le polygone pendant l'été, et dans les chambres pendant l'hiver, par les soins des officiers et sous-officiers. Ce n'est que de cette façon que l'on pourra leur enseigner les méthodes de pose, et les exercer à l'embrigadement spécial, qui doivent amener la rapidité voulue. Ce n'est que sur le polygone qu'on leur apprendra à exécuter des changements de voie, sans appareils, avec des rails et des traverses. Les détacher dans les compagnies pendant l'hiver, ce serait les exposer à une désor-

(1) Qui ont été demandées par le Comité des Fortifications dans sa séance du 8 avril 1873.

(2) En sortant de l'Ecole, les officiers passeraient un an dans les compagnies de sapeurs-mineurs et le reste de leur temps de lieutenant dans les sections militaires. Comme capitaines en second, ils seraient détachés pendant deux ans, en mission annuelle, sur deux réseaux différents, tout en continuant de compter dans une section où ils reviendraient un mois chaque année, en même temps que les élèves-mécaniciens. Comme capitaines en premier, ils commanderaient la section pendant plusieurs années, et, le reste de leur temps de capitaine dans chaque classe, ils seraient employés dans les autres services de l'arme auxquels ils ne doivent pas rester étrangers.

ganisation certaine. Les compagnies les payeront peu ou point, et n'auraient aucun intérêt à leur faire produire du travail ; les hommes seraient dispersés et isolés ; les sous-officiers les surveilleraient mal, et ne pourraient que difficilement diriger leurs travaux sans amener des conflits ; et cette mesure, plus nuisible qu'utile à tout le monde, engendrerait la paresse et l'indiscipline, en absorbant le temps disponible pour l'instruction militaire et théorique.

On nuirait également à cette instruction en chargeant les sections militaires d'exploiter une ligne à elles ; c'est là un service que les hommes n'ont pas besoin d'étudier tous, et à fond, et qu'ils n'auront pas à organiser en campagne. Même résultat nuisible si on les charge de construire des lignes pour une exploitation industrielle ; les troupes perdraient tout leur temps à faire des terrassements et à poser la voie dans un ordre d'idées tout différent de celui qui présidera aux exercices du polygone. D'ailleurs, c'est dans ce sens que l'instruction des sapeurs a été comprise ; et l'on préfère, avec raison, leur faire exécuter sur le polygone des ouvrages de campagne provisoires, qui seront démolis le lendemain, plutôt que de les envoyer construire les places fortes.

Mais les sections auront besoin de tout le matériel nécessaire pour construire des voies d'une assez grande longueur, sur lesquelles leurs brigades pourront s'échelonner, sans que la nécessité de replier la voie en arrière pour continuer la pose en avant les empêche de perfectionner leur œuvre, et les oblige à supprimer des chantiers indispensables.

Elles devront disposer d'un terrain assez vaste et assez accidenté pour avoir la possibilité de s'y livrer à des exercices variés. Ce terrain devra, autant que possible, côtoyer une voie permanente du réseau, pour que l'on puisse s'y relier, rendre les transports plus faciles, et emprunter à une compagnie les ressources dont elle dispose pour la construction, les épreuves, et l'expérimentation de la voie et des ouvrages d'art. Enfin, chaque bataillon aura besoin de se trouver à proximité d'un atelier important de chemins de fer, pour que les officiers et les cadres y trouvent certains moyens d'instruction qui leur sont indispensables.

Ajoutons à tout cela la nécessité de grouper, au lieu de les disperser, les livres, modèles, plans, dessins, cartes et documents divers, dont les officiers ont besoin ; de les étudier en commun ; de faire profiter tous les autres des travaux de chacun ; de fonder un corps de doctrine ; d'examiner dans des conférences générales les nouvelles questions industrielles, les applications que l'on peut en faire à l'art militaire, les procédés qui seront proposés dans ce but, les reconnaissances spéciales, etc., etc. ; et l'on aura justifié les propositions qui précèdent, et en particulier la création d'écoles spéciales, dans lesquelles les autres travaux de l'armée ne viennent pas absorber un temps précieux pendant que l'on est dans ces troupes.

Tous ces détails, qui peuvent paraître un peu spéciaux, m'ont paru nécessaires à donner, pour combattre certaines idées relatives au recrutement, à l'organisation et à l'instruction de ces troupes, que l'esprit est disposé à adopter au premier moment, quand on aborde ces questions.

§ 43. — NATURE ET TRANSMISSION DES ORDRES DE DESTRUCTION.

Il ne me reste plus qu'à exprimer quelques vœux au sujet de la manière dont il conviendrait de formuler et de transmettre les ordres si importants qui concernent la destruction des lignes de chemins de fer.

Pour que ces ordres soient clairs et précis, pour qu'ils

laissent à chacun sa responsabilité, il faudrait qu'ils fussent écrits, télégraphiés, ou transmis par la voie hiérarchique.

Autant que possible, l'officier qui exécute une destruction importante ne devrait recevoir d'ordres que de son chef direct.

Pour que l'ordre soit suivi d'une exécution possible et fidèle, il doit laisser une certaine latitude dans le choix de la méthode à employer (incendie, explosion, démontage, repliement). Pour que la destruction réponde convenablement aux intentions du commandant en chef, qui peut, ou non, conserver l'espoir d'un retour offensif, l'ordre doit mentionner, avant tout, le temps pendant lequel on veut mettre la ligne hors de service.

Les officiers des sections militaires qui ont étudié le résultat que doit produire tel ou tel procédé de destruction, et le retard que peut occasionner la rupture de tel ou tel ouvrage, pourront beaucoup mieux, dans ces conditions, satisfaire à l'esprit de l'ordre qui leur est transmis.

L'indication du moment où la destruction doit s'opérer a également une grande importance; on évitera toute difficulté en donnant l'ordre de détruire *dès que l'on sera prêt*, ou *le plus tôt possible*, car le travail à exécuter varie dans de larges limites, suivant qu'il existe un dispositif antérieur, ou qu'il faille tout préparer.

Dans tous les cas, il restera toujours certaines dispositions à prendre, qui demanderont plus ou moins de temps et qui empêcheront souvent de détruire *à une heure dite*. Mais les plus grands embarras peuvent se produire, si l'ordre porte comme date : *A la dernière extrémité*. Cette forme aurait le grave inconvénient de déplacer la responsabilité, et de la reporter tout entière sur celui qui exécute, alors qu'il est souvent dans l'ignorance des événements qui se produisent. Une fausse alerte peut amener la destruction prématurée d'un ouvrage important auquel on tient, et une attaque trop brusque peut empêcher complétement une rupture bien préparée, toutes choses que l'on aurait évitées avec un ordre plus précis. Il vaut donc mieux, dans ce cas, envoyer sur place un officier d'un grade plus élevé, chargé d'apprécier l'opportunité du moment, lui donner les moyens de s'éclairer, et lui confier des forces suffisantes pour repousser un ennemi peu nombreux.

NOTE

SUR LA COMPOSITION DES CONVOIS DE RAVITAILLEMENT POUR UNE ARMÉE DE 100,000 HOMMES ET 20,000 CHEVAUX.

Pour établir la quantité de wagons ou de voitures nécessaires aux transports de ravitaillement d'une armée, on supposera, dans tout ce qui va suivre, que cette armée contient 100,000 hommes et 20,000 chevaux, et que les approvisionnements sont tirés d'un magasin de dépôt situé à 100 kilom. en arrière.

Examinons successivement trois compositions de chargement qui permettent, par leur combinaison, d'embrasser presque tous les cas qui peuvent se présenter.

1er CHARGEMENT.

Pour le transport d'une journée de vivres, dans les conditions normales, les vivres-pain seront en pain, la viande sur pied, la ration des chevaux en avoine et foin.

UNE JOURNÉE DE VIVRES ORDINAIRE.

VIVRES	COMPOSITION de la RATION	NOMBRE de rations	POIDS TOTAL
Pain	0^k 750	100.000	75.000^k
Viande sur pied	0^k 350 (réduits à 0^k 300 par les déchets)	»	35.000
Riz, sel, sucre, café, légumes secs	0^k 200	»	20.000
Vin	Un quart de litre tous les 10 jours $\frac{0^k 250}{10}$	»	2.500
Eau-de-vie	$\frac{1}{16}$ de litre tous les 5 jours $\frac{0^k 050}{5}$	»	1.000
Avoine	4^k 500	20.000	90.000
Foin	5^k 000	»	100.000
			323.500^k

Pour le transport par voitures, on fait suivre le troupeau à pied, et le poids total du chargement est réduit à 288,500 kil.

2e CHARGEMENT.

Quand on veut distribuer à l'armée quatre journées de vivres d'avance, le poids de la ration est réduit en remplaçant le pain par du biscuit, le foin par de l'avoine, et distribuant de la viande abattue ou du lard. On a donc, pour chaque jour de vivres, la composition suivante :

MINIMUM D'UNE JOURNÉE DE VIVRES.

VIVRES	COMPOSITION d'une RATION	NOMBRE de rations	POIDS TOTAL
Biscuit..........	0^k 550.................	100.000	55.000^k
Bœuf abattu ou lard	0^k 250, en moyenne.....	»	25.000
Riz, sel, sucre et café	0^k 100, environ.........	»	10.000
Avoine..........	6^k 000.................	20.000	120.000
			210.000^k

3e CHARGEMENT.

Enfin, on peut supposer que le lendemain d'une grande bataille on veuille de suite envoyer à l'armée tout ce dont elle a besoin pour réparer ses pertes en armes et effets, pour remplacer les munitions consommées et remonter le service des ambulances. Les poids des objets ci-dessous sont empruntés à des notes de M. l'intendant Baratier. Pour les quantités de munitions, on sait que dans les rudes journées de Rezonville et de Saint-Privat réunies, l'armée du Rhin n'a pas tiré plus de 48,000 coups de canon en tout, et 10 cartouches par homme. On peut donc compter, pour l'armée que nous considérons, qui est environ moitié de la précédente, et pour une seule bataille, une consommation maximum de 5 cartouches par homme et de 20,000 coups de canon.

MUNITIONS, ARMES ET EFFETS CONSOMMÉS DANS UNE BATAILLE.

NATURE	OBJETS A TRANSPORTER	QUANTITÉS	POIDS TOTAL
Munitions de guerre	Cartouches (une caisse de 1512 pèse 60 kil	500.000	20.000k
	Coups de canon de 4 R. D. C. (une caisse de 20 coups pèse 122 kil.).	15.000	91.000
	Coups de 12 de R. (une caisse de 9 coups pèse 142 kil.)..	5.000	59.000
Habillement et Equipement	Fusils	1.000	5.000
	Collections complètes de grand équipement	1.000	1 237
	Pantalons	1.000	1.250
	Tuniques	1.000	1.560
	Havre-sacs	1.000	3.400
	Paires de souliers	10.000	17.000
	Tentes-abris et accessoires	10.000	13 600
	Collections complètes d'ustensiles	10.000	68.050
	Divers, tels que : manteaux, capotes, casquettes, objets de linge et chaussures, harnachements	»	18.903
Ambulances	Ambulances, couchettes, médicaments, tentes, etc., etc	»	50.000
			340.000k

Les principales combinaisons que l'on peut faire pour évaluer les besoins d'une armée sont donc comprises dans les limites suivantes :

1er CAS (MINIMUM).

Transport d'une journée de vivres ordinaire, 323 tonnes 5.

2e CAS (MAXIMUM).

Transport de quatre journées de vivres d'avance et ravitaillement complet d'une armée le lendemain d'une grande bataille. Quatre fois le deuxième chargement, plus le troisième, soit 1,180 tonnes.

3e CAS (MOYEN).

Le transport moyen et journalier pour l'armée en question peut être estimé à une journée de vivres ordinaire, et au dixième de ce qu'elle dépense en un jour de bataille, en munitions et effets, de façon à subvenir constamment à la consommation et à l'usure. La charge moyenne serait donc de 357 tonnes. Il faudrait ajouter dans ce dernier cas quelques wagons chargés de chevaux ou de canons, voitures, outils et engins pour les parcs, pour réparer peu à peu les pertes.

Voyons maintenant comment les charges qui correspondent à ces trois cas seront transportées, soit avec des wagons, soit avec des voitures.

TRACTIONS PAR WAGONS.

Sans entrer dans tous les détails du problème de la traction, je donnerai dans le tableau suivant le nombre de wagons chargés à 10 tonnes que les machines à marchandises peuvent remorquer. Ces nombres varient, dans les faibles limites que l'on indique, suivant le type de la machine et suivant les conditions atmosphériques. En prenant le minimum, on est sûr de ne pas être obligé de modifier le chargement en route.

NOMBRE DE WAGONS REMORQUÉS (CHARGÉS A 10 TONNES).

DÉSIGNATION DES MACHINES	Pente maxim. de 5 mil. GRAND RÉSEAU		Pente maxim. de 14 mil. RÉSEAU DE 2e ORDRE	
	Nombre minimum	Nombre maximum	Nombre minimum	Nombre maximum
Machines à 3 essieux couplés..	30	36	15	19
Machines à 4 essieux couplés..	45	49	23	26

RAVITAILLEMENT PAR WAGONS.

On voit que dans le premier cas le transport de 323 tonnes sera presque toujours effectué par un seul train sur les lignes de premier ordre, et par deux trains sur les lignes de second ordre.

Dans le deuxième cas (1,480 tonnes), le plus fort transport que l'on ait à exécuter représente la charge de trois ou quatre trains sur le grand réseau, et de cinq à huit trains sur des lignes de second ordre.

Enfin, si l'on ne considère que le cas des transports moyens et constants (357 tonnes), ils seront exécutés par un ou trois trains, suivant la machine et la ligne considérées. En prenant la machine à quatre essieux couplés et le nombre vingt-trois des wagons qu'elle peut remorquer sur les lignes de second ordre on se trouve dans le cas le plus général, et dans ce cas les transports moyens seront effectués par deux trains. Dans chacun de ces trains, dix-huit wagons seraient chargés des objets mentionnés dans le troisième cas; cinq pourraient recevoir des chevaux, voitures, canons, etc , etc. Pour les pentes plus considérables que 14 millimètres, on emploierait les plus fortes machines ou la double traction.

On peut donc dire d'une façon générale que le ravitaillement d'une armée de 100,000 hommes et de 20,000 chevaux se fait au moyen de deux trains par jour.

A la distance de 100 kilom., et avec la vitesse de 20 kilom. à l'heure, le transport dure cinq heures. Il suffit d'expédier un ordre par le télégraphe au moment où la troupe quitte son cantonnement pour une nouvelle destination, et les vivres arrivent en même temps qu'elle à l'étape.

RAVITAILLEMENT PAR VOITURES.

On peut admettre qu'une voiture à deux chevaux recevra 1,200 kil. de charge utile, et fera 25 kilom. par jour en moyenne et d'une façon continue. On ne pourrait guère dépasser cette vitesse, soit à cause des mauvais chemins que l'on est exposé à rencontrer, soit à cause des troupeaux de bœufs qui doivent accompagner le convoi.

Quant à la charge qu'il faut transporter, il est inutile de parler du deuxième cas. On n'a plus besoin en effet de faire venir en un seul jour tout ce qui manque, et l'on peut bien répartir la charge sur plusieurs convois, en attendant un peu plus, puisqu'il faut au moins quatre jours pour obtenir ce que l'on demande. Occupons-nous donc seulement du troisième cas, ravitaillement moyen, qui exige le transport de 357-35 = 322 tonnes, et la conduite d'un troupeau.

Ces 322 tonnes, à 1,200 kil. par voiture, seront réparties sur 268 voitures à deux chevaux. Le convoi contiendra donc 536 chevaux, plus 14 au moins pour l'escorte, soit 550 chevaux. Il faudra 268 conducteurs, et environ 182 hommes d'escorte (une compagnie), soit 450 hommes. Comme le trajet dure quatre jours pour aller, et au moins trois jours pour le retour, les chevaux mangeront en route 7 × 550 rations à 9^{k},500, soit un poids de 36,575 kil. Les hommes consommeront 7 × 450 rations à 1^{k},335, soit un poids de 4,205 kil. Il faut donc augmenter encore les moyens de transport, et emporter environ 42 tonnes de plus (1/8 du poids total) pour tenir compte de tout. Un convoi contiendra donc : 303 voitures, 620 chevaux, 485 hommes. Chaque voiture occupant une longueur de 10 mètres environ sur la route, ce convoi s'étendra sur une longueur de 3 kilom.

Enfin, pour installer un service constant et journalier, il faudrait au moins sept convois semblables, et l'on devrait y consacrer entièrement :

2,121 voitures;
4,340 chevaux;
3,395 hommes.

COMPARAISON ENTRE LES DEUX MODES DE TRANSPORT.

Nous venons de voir un premier inconvénient des voitures, c'est d'exiger le transport d'un chargement supérieur de 1/8 aux besoins de l'armée.

Le second inconvénient, c'est la difficulté que crée au service de l'intendance l'incertitude fréquente dans laquelle on se trouve à la guerre pour déterminer, quatre jours d'avance, en quel lieu se trouvera l'armée, et en quel nombre. On ne peut pas éviter les retards, quand un contre-ordre est donné à un convoi de voitures engagé dans une fausse direction. Avec les chemins de fer, au contraire, l'exécution des ordres de ravitaillement est tellement rapide qu'on peut attendre pour les donner que la marche des troupes soit bien déterminée.

En troisième lieu, la distance de 100 kilom. que l'on a supposée entre l'armée et son centre de ravitaillement peut être facilement augmentée dans un cas, pour mieux assurer la sécurité des magasins; elle paraît être au contraire un maximum pratique dans l'autre cas.

Mais l'inconvénient le plus grave, et que l'on n'a jamais pu éviter, c'est que les convoyeurs sont naturellement indisciplinés et mécontents, qu'ils craignent le voisinage de l'ennemi et qu'ils s'échappent souvent avec ou sans leur voiture. Il faudrait une main de fer pour les faire marcher en ordre, pour les empêcher de se dépasser ou de s'arrêter en route pour des motifs insignifiants, et pour s'opposer à ce qu'ils barrent complétement les routes qu'ils suivent, comme cela arrive si souvent, soit pendant le trajet, soit à l'étape. C'est presque toujours ce fatal désordre qui gêne la retraite dès le début, qui permet à l'ennemi d'atteindre la queue de la colonne, et qui engendre bientôt la déroute.

Il y a donc grand intérêt à se servir plus complétement des chemins de fer désormais, pour supprimer ce mode de ravitaillement ou limiter son emploi à des cas exceptionnels et à des services secondaires.

TRANSPORTS DE SIÉGE.

Il peut être intéressant de donner une idée rapide de l'importance des transports qu'il faudra exécuter pour faire le siége d'une place de moyen ordre.

Voici ce que l'on a trouvé dans le cas suivant :

On suppose la place d'Arras défendue par 10,000 hommes et

200 bouches à feu, et assiégée par un corps d'armée de 40,000 hommes, avec son artillerie de campagne bien approvisionnée, dont 24 pièces de réserve seulement prendront une part active aux attaques. Ce corps étant arrivé devant la place, il restera à faire venir par le chemin de fer le matériel suivant, dont il aura besoin pour la plus grande partie dans les dix premiers jours du siége :

Bouches à feu de siége et affûts.	200	Ce qui représente le chargement de 2,708 wagons.
Voitures diverses	486	
Chevaux..............................	3256	
Projectiles et munitions confectionnés.	4424 ton.	
Poudre en barils..................	576 ton.	
Voitures............................	67	339 wagons.
Chevaux..............................	487	
Matériaux divers..................	787 ton.	
Bois et engins (66 wagons).		

Plus : le service des subsistances ; — celui des hôpitaux ; — et la construction d'un chemin de fer de siége de 22 kilom., reliant seulement les dépôts de tranchée au réseau, et exigeant 55 trains de 20 wagons chacun.

Les services de l'artillerie, du génie et du chemin de fer de siége ont demandé à eux seuls, pendant les dix premiers jours, environ 4,150 wagons, soit, à 25 wagons par train, 166 trains.

On voit qu'en pareille circonstance le transport par étapes avec des chevaux n'est plus admissible, et même que le poids des plus grosses pièces le rendrait impraticable. Les Allemands considèrent que le service d'une armée de 200,000 hommes. devant une place assiégée (comme Paris), suffit pour alimenter une ligne de chemins de fer.

TABLE DES MATIERES

—

DEUXIÈME PARTIE

LES CHEMINS DE FER APRÈS LA CONCENTRATION ET PENDANT LA GUERRE. — LEUR ROLE. — LEUR MATÉRIEL. — LEUR PERSONNEL.

BIBLIOTHÈQUE R.F. IMPRIMÉS

Évreux. A. Hérissey, imp. - 371.

www.ingramcontent.com/pod-product-compliance
Ingram Content Group UK Ltd.
Pitfield, Milton Keynes, MK11 3LW, UK
UKHW031925260826
14628UKWH00003B/1433

9 782013 582766